사아디의 우화정원

국립중앙도서관 출판시도서목록(CIP)

사아디의 우화 정원 : 위대한 페르시아 수피 /
사아디 지음 ; 아서 숄리 엮음 ; 이현주 옮김.
—서울 : 아침이슬, 2008
p. ; cm. —(지혜의 우물 ; 1)

영어번역표제 : Discontented Dervishes
원저자명 : Sadi, Arthur Scholey
영어로 번역된 팔라비어 원작을 한국어로 중역함
ISBN 978-89-88996-91-1 03890 : ₩9000

우화(이야기)[寓話]

388.3183-KDC4
398.20955-DDC21   CIP2008001546

DISCONTENTED DERVISHES
by Arthur Scholey

Copyright ⓒ 2002 by Arthur Scholey
Korean translation copyright ⓒ 2008 by Ahchimyisul Publishing Co.
All rights reserved.
This Korean edition published by arrangement with Duncan Baird Publishers Ltd.,
of Castle House, 75-56 Wells Street, London W1P 3RE through SibylleBooks, Seoul.

이 책의 한국어판 저작권은
시빌 에이전시를 통한 저작권자와의 독점계약으로 도서출판 아침이슬에 있습니다.
신저작권법에 의해 한국 내에서 보호를 받는 저작물이므로 무단전재와 무단복제를 금합니다.

사아디의 우화 정원

위대한 페르시아 수피

사아디 지음
아서 숄리 엮음
이현주 옮김

아침이슬

옮긴이의 말

평생 현자들이 남긴 이야기들을 수집하고 연구한 아서 숄리의 『사아디 우화』들을 우리말로 소개할 수 있게 되어 기쁩니다.

『우화』는 물론 사람이 만들어낸 이야기입니다만, 그러나 그 속에는 사람이 만들 수 없는 어떤 진실이 담겨 있습니다. 그렇지 않다면, 만들어지면서 곧장 거품처럼 사라져버릴 것입니다.

13세기 페르시아 사람 사아디가 들려준 우화들을 오늘 우리가 이렇게 읽고 있다는 사실은 그 안에 시공(時空)으로 제한되지 않는 어떤 진실이 담겨 있음을 반증한다 하겠습니다.

그것을 찾아내어 맛보고 잘 씹어서 자신의 살과 피로 만드는 일은 이제 여러분의 몫입니다.

아무쪼록 이 책을 재미있게 읽으시고 진지하게 고민하시고 다시 환하게 웃으시기를 바랍니다.

2008년, 진달래 지고 철쭉 피어나는 봄날에

이현주

| 차례 |

옮긴이의 말 · 5

불평하는 탁발승들 · 9
좋은 모범 · 13
노예가 된 사람 · 14
수상이 수상인 까닭 · 17
윙윙거리는 날개 소리 · 18
딱 한 번 · 21
교만한 천문학자 · 22
쓰레기 치우기 · 24
왜 그를 그냥 두는가? · 26
시장가치 · 29
목이 비틀어진 왕 · 30
되갚아줄 때 · 34
꾀 많은 노예 · 36
비밀 편지 · 38
죽는 자리에서 웃은 소년 · 42
나그네의 허풍 · 46
낙타와 그의 짐 · 49
만수무강하옵소서 · 50
어미 낙타와 새끼 낙타 · 53

선한 거짓말 · 54
착한 행실 · 57
다리우스 왕과 그의 마부 · 58
키질 왕의 성채 · 60
노파의 고양이 · 62
왕과 농부 · 64
불쌍한 노예, 사아디 · 66
성자와 나룻배 · 68
현자의 자리 · 70
약속과 불한당 · 72
축복 · 74
술탄과 탁발승 · 76
하팀 타이와 자객 · 78
탁발승에게 돌아간 보상 · 85
동전 두 닢 · 86
실패한 도둑 · 89
하팀 타이의 말(馬) · 90
우상 숭배자 · 94
열린 문의 기적 · 96

구두쇠와 그의 아들 • 98
탁발승과 여우 • 100
마음으로 바라는 것 • 103
수다쟁이 건달 • 104
부자와 가난뱅이 • 106
고삐 끈 이름 • 109
가난한 사람의 선물 • 110
왕의 식사량 • 113
아브라함과 배화교도 • 114
공작새 • 117
겁에 질린 여우 • 118
의원과 농부 • 120
독수리와 매 • 122
목소리 값 • 126
비밀 • 129
설교자의 꿈 • 131
시인과 강도 두목 • 133
마지막 교훈 • 135
나귀 가르치기 • 139

그게 무슨 상관? • 141
전갈 • 143
왕자 교육 • 144
좋은 선생 • 146
하느님을 위해서 • 149
병든 아들을 위하여 • 150
신성한 나무 • 152
차라리 잠을 자는 게 • 154
배가 무서운 노예 • 156
더러운 입 • 160
간섭 • 163
새장 속의 꾀꼬리 • 166
무거운 무덤 • 168
아들 무덤에서 • 170
유식해진 비결 • 172

사아디의 생애와 작품 • 173

불평하는 탁발승들

시리아 왕 살리는 이른 새벽 아랍 사람으로 변장하고 거리와 장터를 돌아다녔다. 가난한 사람들과 가까이 사귄 왕으로 널리 알려진 그는, 그들의 형편이 어떤지 무슨 문제가 있는지를 알아보려고 새벽마다 거리를 돌면서 가난한 사람들을 만나곤 했다.

한번은, 새벽 순찰을 하다가, 사원 부근에서 걸음을 멈추었다. 불평하는 소리가 안에서 들렸던 것이다. 왕이 몰래 문틈으로 들여다보니, 탁발승 둘이 투덜거리고 있었다. 그들에게는 외투가 없었고, 밤새도록 추워서 잠을 잘 수가 없었다.

탁발승 하나가 말했다.

"이 세상에는 정의가 없어. 그래도 우리는 만족하게 될 거야, 마지막 심판의 날에."

다른 탁발승이 대꾸했다.

"동감이야. 하지만, 이 세상에서 즐겁게 산 자들은 그 날에 받을 몫을 제대로 받아야 해. 예를 들어, 날마다 놀이와 웃음과 쾌락에 묻혀 살던 왕들이 그날에 낙원에도 간다면, 젠장, 그런다면 난 차라리 이곳 무덤 속에 그냥 묻혀 있겠어."

"그건 걱정 말게. 우리는 틀림없이 보상을 받을 테니까. 그래서 지금 이 고생 아닌가? 부자들과 임금들은, 그래, 그들은 낙원에서 거지 노릇을 하겠지. 지금 우리가 그들한테서 아무 도움도 받지 못했으니 나중에 그들이 어려움을 당할 때 나는 눈곱만큼도 도와주지 않겠네."

"나도 도와주지 않겠어. 어쨌거나, 밤새도록 떨며 아무것도 먹지 못했더니 배도 고프지만 화가 나서 참을 수가 없군. 지금 이 순간 살리 왕이 저 문간에 나타난다면 내 이 신발로 머리통을 갈겨주겠네."

살리 왕은 돌아갈 시간이 되었음을 알고 그 자리를 떠났다. 날이 밝았다. 왕이 곧 신하를 사원으로 보내어 두 탁발승을 궁으로 불렀다.

 탁발승들이 도착하자 기다리고 있던 신하들이 그들을 목욕시키고 옷을 갈아입혀 어전으로 데려갔다. 호사스런 옷을 입은 왕이 웃으면서 둘을 식탁으로 안내했다. 두 탁발승은 어안이 벙벙해서 왕의 식탁 앞으로 다가갔다.

 이렇게, 밤새도록 추위에 떨던 두 걸인이 따뜻한 방에서 좋은 옷을 입고, 황공하게도 임금님과 한 식탁에 앉아 음식을 먹게 되었다.

 한 탁발승이 기회를 엿보다가 왕에게 물었다.

 "대왕 마마, 제가 알기로는 하느님의 인정을 받는 자들만이 높은 자리에 앉는 것으로 알고 있습니다. 도대체 저희 같은 거지들이 뭘 어쨌기에 이토록 영광스런 자리로 불러주셨는지요?"

 왕이 활짝 핀 장미처럼 얼굴 가득 웃음을 터즈렸다.

 "말해주지. 내가 호사스럽게 살면서 가난한 사람들을 외면하는 그런 왕이 아니라는 것을 자네들이 알아줬으면 하네. 나는 오늘 새벽 자네들이 욕하던 그런 왕이 아닐세. 나에 대한 자네들의 생각을 바꿔줬으면 해. 나에게는, 자네들이 가게 될 그 낙원의 골칫거리가 되고 싶은 마음이 꿈에도 없거든!"

"……."

"오늘 아침, 내가 자네들에게 평화의 문을 열어주었으니, 자네들 차례가 되었을 때 내 앞에서 문을 닫지 않아주었으면 하네."

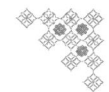

좋은 모범

사람들이 루크만에게 물었다.
"누구한테서 그렇게 훌륭한 태도를 배우셨습니까?"
"고약한 태도를 지닌 자들한테서 배웠네."
"어떻게요?"
"그들이 하는 고약한 짓을 볼 적마다 나는 저러지 않으리라 다짐했지."

노예가 된 사람

"이놈, 잡았다!"

장터에서 한 상인이 넝마 걸친 사내를 움켜잡으며 소리쳤다.

"네놈이 달아나면 어디까지 달아나겠느냐? 그동안 너를 잡으려고 고생한 값을 톡톡히 치르게 하마!"

상인이 그를 묶어 바그다드로 데려갔다. 노예는 곧장 힘들고 더러운 노동을 해야 했다. 상인이 새 저택을 짓는데 땅바닥에 구덩이를 파기도 했고 무거운 석재와 목재들을 몸으로 져 나르기도 했다.

한 해가 지났다. 어느 날 아침, 오랜 굶주림으로 험한 몰골을 한 사내가 비틀거리며 상인에게 다가오더니 그

발치에 쓰러지며 애원했다.

"용서하십시오, 주인님! 제가 작년에 도망친 주인님의 노예올시다."

상인이 깜짝 놀라 소리쳤다.

"네가 도망친 노예라면, 그렇다면 그동안 너 대신 이 집에서 일한 그 사람은 누구란 말이냐?"

사람들이 달려가 건축 현장에서 사슬에 묶여 일하고 있는 그를 데려왔다.

상인이 그에게 말했다.

"제가 큰 잘못을 저질렀습니다. 제발, 당신이 누구신지 말해주십시오."

그가 대꾸했다.

"내 이름은 루크만이라고 하오."

"루크만? 루크만! 아니, 이럴 수가! 그 유명한 철학자 루크만이 당신이란 말입니까?"

"그렇소."

상인이 무릎을 꿇고 빌었다.

"자비를 베풀어주십시오. 제발 저를 용서해주십시오. 오, 어떻게 하면 당신에게 보상을 해드릴 수 있겠습니까? 제발 빕니다, 용서해주십시오."

철학자 루크만이 말했다.

"안심하시오. 내게 사과할 것 없소. 지난 일 년 동안, 당신 집을 짓느라고 무척 힘들었소. 한순간도 잊을 수 없을 것이오. 하지만, 당신을 용서하겠소. 일어나시오."

그가 말을 계속했다.

"우리 두 사람 모두 이 일로 해서 얻은 게 있소. 보시오. 당신은 새 집을 얻었고, 나는 측량 못할 하느님의 은총을 받았소. 내게도 노예가 있는데 어려운 일을 심하게 시키곤 했지요. 다시는 그러지 않겠소. 혹시 그럴 마음이 들더라도, 한 해 동안 당신 집에서 당한 일을 생각하면 그 마음이 천리만리 달아날 것이오."

 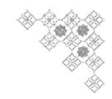

수상이 수상인 까닭

술탄 마흐무드의 몇몇 신하들이 어떤 일에 대하여 궁금해하다가 마침 어전에서 물러나 밖으로 나오는 수상(首相) 하산 무이만디를 불러 세우고 물었다.

"술탄께서 뭐라고 하셨습니까?"

"수상 각하는 다 알고 계시지요? 우리한테는 말씀하시지 않은 것을 각하에겐 말씀하셨을 겁니다."

수상이 대답했다.

"그렇다네. 그분이 내게만 말씀하신 까닭은 내가 그것을 발설하지 않으리라는 걸 아시기 때문이지. 나는 그대들이 왜 그런 질문을 하는지 모르겠네. 그대들은 내가 내 직위와 목숨까지 잃기를 바라는가?"

윙윙거리는 날개 소리

그 유명한 아라비아 족장 하팀 타이가 귀머거리였다는 말 들어본 적 있는가? 많은 이들이 그렇게 알고 있다!

어느 날 아침, 거미줄에 걸린 파리 한 마리가 도망치려고 힘껏 날갯짓을 했다. 거미줄 복판에 거미가 하도 조용하게 소리 없이 붙어 있는지라 설탕인 줄 알고 덤볐다가, 바야흐로 그게 그렇지 않다는 사실을 알게 된 것이다.

파리가 한참 윙윙거리고 있을 바로 그때에 하팀 타이가 그 아래로 지나다가 파리를 보고서 한마디 했다.

"네 탐욕이 너를 꼼짝 못하게 붙잡고 있구나. 방구석 갈라진 틈을 아무리 뒤져도 설탕이나 꿀이나 과자를 찾을 수 없을 게다. 오히려 함정에 빠지든지 올무에 걸리거나 하겠지."

이윽고 윙윙거리는 소리가 멈추었다. 파리와 함께 거미 뱃속으로 사라진 것이다.

하팀을 따라오던 사람이 그 모든 것을 지켜보다가 말했다.

"그런데요, 하팀 어른. 모두들 어른의 귀가 먹었다고 하던데 어떻게 파리 날개 소리를 들으셨나요?"

하팀이 웃으면서 대답했다.

"자네, 무척 영리하군. 내 귀머거리 사연을 말해주지. 이렇게 된 걸세. 내 지위 때문이었겠지만, 오랫동안 나는 아첨꾼들 틈에서 살아야 했네. 그들은 아무쪼록 내 허물은 감추고 나를 칭송하는 말만 늘어놓았지. 나는 그 말을 듣지 않을 수 없었고, 그래서 결국 우쭐해져서 잔뜩 거만한 사람이 되었다네."

"그래서요?"

"그래서 이거 안 되겠다 싶어 귀머거리 행세를 했지. 많은 사람이 내가 귀를 먹은 줄 알고 슬퍼했어. 그러나 내게는 두 가지 유익이 있었네. 첫째, 아첨하는 말로 나를 괴롭히던 자들이 사라졌어. 그들은 내게 아첨해봤자 얻을 게 아무것도 없음을 알아차렸지. 둘째, 나에 대해서 사람들이 어떻게 생각하는지를 그대로 알게 됐어. 내가 귀머거리라는 사실을 알자 사람들은 비로소 나의 장점과 단점을 솔직하게 말하기 시작했네. 내 잘못이 공개적으로 거론될 때 그 말을 듣는 게 즐겁지만은 않더군. 그러나 그렇게 해서 나는 교만한 마음을 버리고, 교만 때문에 저지를 뻔한 더 큰 잘못을 피할 수 있게 되었다네."

 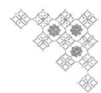

딱 한 번

딱 한 번 나는, 나의 불운(不運)을 원망하여 불평한 적이 있다. 당시 너무나도 가난하여 신발을 마련할 수 없었기에, 아린 맨발로 투덜거리며 쿠파 신전으로 들어갔다.

그때 거기서 나는 발 없는 사람을 보았다.

교만한 천문학자

번잡스런 지식을 두루 갖춘 천문학자가 자기는 모르는 것이 없다고 생각하고는, 당시의 유명한 철학자 아부 알 하산 코쉬야르한테서 뭘 좀 배울 게 있을까 하여 먼 길을 떠났다.

이윽고, 가슴은 욕망으로 가득 채우고 머리는 교만으로 가득 채운 그가 스승 앞에 앉아서 기다렸다.

꽤 오랫동안 기다렸지만 코쉬야르는 눈을 감고 앉아서 고개도 들지 않았다. 앞에 누가 있는지도 모른다는 듯이. 이윽고 당황한 천문학자가 자리에서 일어나려는 순간, 코쉬야르가 입을 떼었다.

"내가 당신에게 아무 말 할 수 없었던 것은, 당신이 스스로 모든 것을 안다고 생각했기 때문이오. 그 누가 흘러넘치는 그릇에 물을 담을 수 있겠소? 당신은 당신으로 가득 차 있소. 그래서 나는 당신을 이렇게 빈손으로 보내드릴 수밖에 없구려."

쓰레기 치우기

한 젊은 나그네가 배에서 내렸다. 그의 슬기롭고 경건하고 겸손한 태도를 본 사람들은 그가 머물 곳은 한 군데밖에 없다고 생각했다.

그래서 그들은 젊은이를 마을 수도원으로 데려갔다. 수도원 식구들이 그를 따뜻하게 환영했다.

어느 날, 수도원장이 젊은이에게 말했다.

"자네, 이 수도원에서 쓰레기를 좀 치워주겠나?"

그날, 젊은이의 종적이 흔적도 없이 사라졌다. 아무도 그를 보지 못했다. 모두들 이상하게 생각했지만, 아마도 청소하는 일이 적성에 맞지 않았나 보다 여기고 넘어갔다.

이튿날, 수도승 하나가 거리에 나갔다가 우연히 그를 발견하고 불러 세웠다.

"원장님이 시키신 일을 그렇게 물리치다니! 자네 참 어리석은 짓을 했네. 자네가 오르려는 사다리가, 남을 섬기는 일을 통해서만 오를 수 있는 사다리인 줄 몰랐던가?"

이 말을 듣고 젊은이는 울음을 터뜨렸다.

"형제여, 제가 무엇을 할 수 있었겠어요? 쓰레기 치우라는 말씀에 사방을 구석구석 살폈지만 어디에서도 쓰레기를 발견할 수 없었습니다. 그러다가, 원장님이 치우라고 하신 쓰레기가 바로 저라는 생각이 들었어요! 그래서 저를 치워 그곳을 깨끗한 장소로 만들려 했던 겁니다."

왜 그를 그냥 두는가?

현자의 한 친구가 불평했다.

"당신의 저 노예 말이오! 어째서 저런 물건을 그냥 두는 거요? 저 흉한 꼴을 좀 보시오. 옷은 때에 절었고 머리는 마구 엉클어진 쑥대밭이고, 세상 어디 가면 저렇게 심술궂은 낯짝을 보겠소? 이빨은 뱀 이빨처럼 생겨 온통 독이 묻어 있으니, 세상에 못생긴 놈한테 주는 상이 있다면 저 물건이 모두 휩쓸 것이오."

이 모두가 사실이지만, 그뿐만이 아니었다. 그에게는 안질도 있어서 쉴 사이 없이 눈을 껌뻑거려댔고, 도무지 씻을 줄을 몰라 온몸에서 악취가 코를 찔렀다.

요리를 할 때면 상을 잔뜩 찌푸리고 부엌 바닥에 앉아

있다가 밥상이 들어오면 주인 곁에서 밥을 먹는데, 주인을 시중드는 일이 자기 임무라는 사실은 생각조차 하지 않았다. 어느 모로 보나 주인은 죽을 때까지 그 노예 손에서 물 한 잔 얻어 마시지 못할 것이 뻔했다.

사람들이 타이르기도 했지만 그 노예는 들은 척도 하지 않았다. 때리기까지 했지만 역시 소용없었다.

낮이고 밤이고, 그 노예로 말미암아 골치 아픈 문제들이 끊이지를 않았다. 더러운 쓰레기를 길바닥에 던지거나 암탉들을 우물에 몰아넣기도 했다. 모두가 그를 싫어했고, 그는 도무지 겁나는 게 없는 것 같았다. 심부름을 보내면 아주 한참 뒤에 빈손으로 어슬렁거리며 돌아오기 일쑤였다.

현자의 친구가 계속 불평을 늘어놓았다.

"말해보시오. 저 녀석한테서 도대체 무얼 기대하는 거요? 태도가 좋은가? 솜씨가 있는가? 설마 아름다운 모습을 기대하는 건 아닐 게고. 녀석의 고약한 행동을 참고 견디는 것은 뭔가 그럴 만한 가치가 있기 때문일 텐데, 나는 저 녀석을 보는 것만으로도 고문을 당하는 기분이오. 내 당신한테 말 잘 듣는 노예 하나 줄 테니, 저 물건은 노예시장에 헐값으로라도 팔아버리시오. 저 물건을 없애버리는 것만으로도 더 바랄 게 뭐겠소? 자, 당신 생각을 말해보시오."

현자가 웃으며 대꾸했다.

"내 걱정을 그렇게 해주니 고맙소. 당신 말대로 저 노예는 참 좋지 못한 성질을 지녔소. 그런데 문제는, 그가 나를 성숙시켜준다는 점이오. 내가 저 친구만 견딜 수 있으면, 세상 그 누구도 넉넉히 견딜 수 있을 것이오!"

 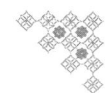

시장가치

나는 바스라의 보석상들 틈에 앉아 있는 아랍 상인을 보았다. 그가 상인들에게 말했다.

"한번은 사막에서 길을 잃은 적이 있었소. 마지막 남은 양식까지 먹고 나자 이제 죽는구나 싶었지. 절망 속에서 다시 한 번 보따리를 뒤지다가 곡식이 담겨 있는 듯한 자루를 발견했소. 그때 내가 얼마나 기뻤겠는지, 얼마나 황홀했겠는지, 상상해보시오!"

상인이 잠시 멈추었다가 말을 이었다.

"자루를 풀자 그 안에 진주가 가득 담겨 있더군. 그 순간 내가 얼마나 낙심했겠는지, 얼마나 비참했겠는지, 상상해보시오!"

목이 비틀어진 왕

위대한 전사(戰士)인 왕이 운집한 군중 앞에서 위용을 뽐내며 사열을 하고 있었는데, 열광하던 무리가 갑자기 공포에 질려 소리를 질렀다. 왕을 태우고 가던 왕실 흑마가 뭔가에 놀라 발버둥을 치는 바람에 왕이 말에서 떨어져 단단한 돌 항아리에 머리를 부딪친 것이다. 하인들이 허둥지둥 달려갔다. 다행스럽게도, 왕은 살아 있었다. 신하들이 왕을 궁으로 모셔갔다.

그런데 다음 날, 사람들은 걱정스러운 일을 당해야 했다. 왕이 낙마(落馬)하는 순간 목뼈가 비틀려버린 것이다. 아무리 애를 써도 머리를 제자리로 돌릴 수 없었다. 비틀린 머리가 코끼리처럼 꿈쩍 않고 목 위에 얹혀 있었다. 그래서 뒤를 돌아다보려면 온몸을 돌려야 했다.

"의원들은 어디 있느냐? 이 땅의 이름난 의원들은 모두 불러라. 그래서 내 목을 수술하게 하여라."

솜씨 좋다는 의원들이 원근 각처에서 모여들었다. 그러나 모두들 속수무책, 아무 소용이 없었다.

바야흐로, 왕이 비틀어진 목으로 평생을 살아야 하는지도 모른다는 이야기가 퍼지기 시작했다.

어느 날, 허름한 차림의 그리스인 의원 하나가 궁궐 문 앞에 나타나 왕을 뵙게 해달라고 청했다. 사람들이 그를 왕에게 데려갔다. 그는 왕의 목을 진찰한 다음, 치료할 수 있다고 말했다. 허락이 떨어졌다.

순간, 그리스인 의원이 왕에게 덤벼들어 두 다리 사이에 왕의 목을 끼우고는 있는 힘을 다해 머리를 움켜잡았다. 불쌍한 왕의 비명이 홀을 울렸고 신하들이 달려왔다. 왕실 호위병들은 칼을 뽑아 들었다.

그들이 달려들어 칼로 목을 치려는 바로 그 순간, 왕이 소리를 질렀다.

"멈추어라!"

왕이 기쁨에 찬 얼굴로 웃으면서 일어났다. 놀랍게도, 그의 목이 이쪽저쪽으로 자유롭게 돌아갔다. 박수가 터

지고 환호성이 울렸다. 왕의 목이 멀쩡해진 것이다.

모두들 흥분하여 그리스인 의원은 안중에 들어오지 않았다. 열광하는 무리에 의해 왕실 한구석으로 밀려난 의원은 하다못해 수고했다는 말이라도 한마디 듣고자 했지만 끝내 쓸쓸히 떠나야 했다.

이튿날, 다시 왕의 사열식이 벌어졌다. 운집한 군중 앞에서 왕이 자유자재로 목을 돌리자 모두들 박수를 치며 환성을 올렸다.

그리스인 의원은 군중 속에 섞여 왕의 눈길이 미칠 만한 곳에 자리를 잡았다. 왕이 자기를 알아보고 무슨 상이라도 내릴 것을 기대하면서.

이윽고, 왕의 눈길이 그에게 닿았다. 그러나 왕은 고개를 돌려버렸다.

그리스인 의원이 슬픈 마음으로 돌아가면서 중얼거렸다.

"내가 왕의 비틀린 목을 고쳐주었건만, 이럴 수 있단 말인가?"

그가 상자에서 특별한 식물의 씨앗 주머니를 꺼내더니 하인을 불렀다.

"여기 적힌 글과 함께 이 씨앗 주머니를 왕실에 전해

주고 오너라."

하인은 시키는 대로 했다. 왕이 씨앗과 함께 적혀 있는 글을 받았다.

'충만한 은총을 입고자 한다면, 이 씨앗을 향로에 넣고 태우십시오.'

사람들이 씨앗을 향로에 넣자 향이 피어올랐다. 왕이 고개를 내밀어 향을 맡다가 비명을 질렀다. 다시 목이 비틀어져, 그리스인 의원을 만나기 전과 똑같아진 것이다.

왕이 신음하면서 말했다.

"그리스인 의원을 찾아라! 아직 성안 어디에 있을 것이다. 무엇을 원하든지 다 주어라. 원하는 것보다 더 많이 주어라. 어쨌거나, 그를 당장 이리로 데려와라."

모두들 나서서 도성을 샅샅이 뒤졌지만, 그리스인 의원의 모습은 끝내 나타나지 않았다.

되갚아줄 때

교만하기 짝이 없는 왕실 고관 하나가 어느 날 돌을 던져 가난한 탁발승의 머리를 맞혔다. 그러고는 깔깔 웃으면서 지나갔다. 탁발승은 겁이 나서 대거리할 엄두도 내지 못했다.

그런데 왕이 그 고관에게 무슨 일로 잔뜩 성이 났다. 그래서 그의 재산과 벼슬을 박탈하고 꽁꽁 묶어 진흙탕 수렁에 던져버렸다.

탁발승이 그를 내려다보며 물었다.

"네가 돌을 던져 내 머리를 맞힌 일, 기억나느냐?"

"내가 그랬다면 오래전 일이었을 텐데, 그 일을 새삼 들추어 나를 괴롭히는 까닭이 무엇이냐?"

"그때는 네 위엄에 눌리고 겁이 나서 꼼짝 못하고 당했지만, 이제 네 꼴을 보니 되갚아줄 때가 된 것 같구나."

그러고서 탁발승은 바랑 깊숙이 손을 넣어 돌멩이 하나를 꺼냈다.

"그때 네가 내 머리를 맞혔던 바로 그 돌멩이다. 여태까지 고이 간직하고 다녔지."

탁발승은 한때 거만했던 사내 머리에 그것을 던져 정통으로 맞혔다.

꾀 많은 노예

술탄(Sultan, 君主) 움룰라이스의 노예 하나가 도망쳐 달아났다. 술탄의 부하들이 그를 뒤쫓았다. 얼마 못 가서 노예는 붙잡혔고, 꽁꽁 묶인 몸으로 술탄의 발 앞에 던져졌다.

고관 하나가 술탄에게 말했다.

"놈을 사형에 처하십시오. 그냥 두시면 다른 노예들도 도망칠 궁리만 할 것입니다."

노예가 움룰라이스 앞에 몸을 던지고 말했다.

"오, 폐하. 정 제 목을 치신다면, 할 수 없습니다, 치십시오. 그러하오나, 폐하께서 옳지 못한 군주가 되셔서는 아니 될 것입니다. 그동안 폐하께서는 저를 잘 먹여주셨고 저는 행복하게 살았습니다. 그러므로 저 부활의 날에 폐하께서 법을 어기고 부당하게 제 목을 치셨다는 심판을 받게 되실까, 그것이 걱정입니다. 폐하, 저를 죽이시겠거든 아무쪼록 법에 따라서 죽이십시오."

"그래? 그렇다면 어떻게 합법적으로 너를 죽일 수 있겠느냐? 어디 그 방법을 말해보아라."

"예, 여기 그 방법이 있습니다. 법에 따르면, 누구를 죽인 자는 그 벌로 사형시키는 것이 정당하다고 되어 있습니다. 폐하께서 저로 하여금 저기 있는 고관을 죽일 수 있도록 허락하신다면, 저는 살인자가 되니까 아무 두려움 없이 저를 죽이실 수 있습니다."

술탄이 웃으면서 고관에게 물었다.

"그대 생각은 어떠한고?"

고관이 신음하면서 하늘을 올려다보고 말했다.

"제가 잘못했습니다. 적에게 화살을 날리면 너 또한 그의 과녁이 된다는 말을 깜빡 잊었습니다. 폐하, 제발 저 도망친 노예를 살려주십시오!"

비밀 편지

 주잔 왕실의 총리대신은 그를 싫다고 하는 사람이 없었다. 그는 만나는 모든 사람을 친절하고 예절 바르게 대했다. 게다가, 앞에서는 이렇게 말하고 뒤에서는 저렇게 말하는 법이 결코 없었다.

 한번은 어떤 오해로 말미암아 왕이 그를 불신하게 되었다. 그래서 심문 끝에 죄인으로 몰아 옥에 가두었다.

 대신은 감옥에 갇혀서도 처신을 바르게 했다. 간수들은 지난날에 그가 베풀었던 친절을 기억하고, 죄수의 몸으로 갇힌 그를 예절 바르게 대하였다. 힘든 일을 시키거나 욕을 하는 일 따위는 물론 없었다.

 세월이 흘렀다. 그에게 씌워졌던 혐의가 몇 가지 벗겨

지기는 했지만 모두 풀어지지는 않았고, 그래서 그는 계속 감옥에 갇혀 있어야 했다.

어느 날 비밀 편지 한 통이 그에게 은밀히 전달되었다. 이웃 나라 왕이 보낸 다음과 같은 내용의 편지였다.

'그대는 충성스러운 신하인데도 어리석은 임금이 그대를 잘못 대접하고 있소. 언제든지 우리 나라로 온다면, 그대를 특별 대접하겠소. 나와 내 신하들이 모두 그대를 기쁘게 환영할 것이오. 답장을 기다리오.'

총리대신은 편지를 받아 읽고 깜짝 놀랐다. 혹시 내가 이런 편지를 이웃 나라 왕한테서 받은 사실이 발각되지는 않았을까? 이 편지 자체가 나를 시험해보려는 함정은 아닐까?

자신이 큰 위험에 처해 있음을 느낀 그는 한참 생각한 끝에 결국 답장을 써서 비밀 편지를 전해준 간수에게 건네주었다. 감방 작은 창문으로 심부름꾼의 사라지는 뒷모습이 보였다.

대신의 염려대로 이런 모든 동태가 왕실의 한 경호원에 의해 자세히 파악되고 있었다. 경호원의 보고를 받은 왕은 크게 노하였고, 날랜 병사들을 보내 심부름꾼을 잡아오라고 시켰다. 왕은 그에게서 이웃 나라 왕의 비밀 편지를 빼앗았다. 비밀 편지 뒷면에는 다음과 같은 총리대신의 답이 적혀 있었다.

'저에 대한 임금님의 평가는 너무 과분한 것입니다. 임금님의 초청을 저는 받아들일 수 없습니다. 한평생 제가 모셔온 폐하로부터 큰 은혜를 입었고, 지금은 비록 어떤 일로 말미암아 옥에 갇혀 있기는 합니다만, 그래도 저는 폐하의 은혜를 배반하지 않겠습니다. 태산 같은 은혜를 입은 몸으로 모래알 같은 상처에 등진다고도 합니다만, 저는 그럴 수가 없습니다.'

왕은 총리대신의 답장을 읽고 크게 감동되었다. 그래서 당장 그를 감옥에서 꺼내어 좋은 옷을 입혀주고 많은 선물을 주며, 공식석상에서 말했다.

"이제 나는 그대의 무고함을 믿소. 내가 그대에게 참 많은 고통을 주었구려. 나를 용서하기 바라오."

총리대신이 말했다.

"폐하께서는 저에게 조금도 잘못하신 일이 없으십니다. 제가 약간의 어려움을 겪은 것은 높으신 하느님의 뜻이었습니다. 오히려 저로서는, 다른 누구도 아닌 자애롭고 너그러우신 폐하에 의하여 고통을 겪게 된 것에 감사할 따름입니다."
 이렇게 말하는 그의 어조에, 친절함과 예절 바름이 옛날 그대로 고스란히 담겨 있었다.

 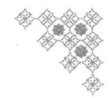

죽는 자리에서 웃은 소년

고약한 병을 앓는 왕이 있었다. 어떤 병인지 자세히 말하지 않겠지만 엄청나게 아픈 병이었다. 온갖 약을 다 써봤지만 소용이 없었다. 이윽고 왕이 죽을 지경에 이르자 의원들은 최후의 치료 방법을 생각했다. 그것은 특수한 체질의 살아 있는 사람한테서 간과 쓸개를 취해 복용하는 방법이었다.

의원들은 간과 쓸개를 취할 사람의 특수 체질을 적어서 읽어 내려갔다. 그러나 반도 읽지 않았는데 왕이 중단시키고 말했다.

"길게 다 읽을 것 없다. 이 나라에 그런 사람이 있으면 당장 데려와라. 한시가 급하다."

신하들이 전국으로 흩어졌다. 그러나 의원들이 열거한 특수 체질의 사람을 발견할 수 없었다.

그렇게 며칠 지난 뒤, 아주 먼 변방에서 한 농부의 아들이 그런 체질을 가지고 있다는 사실이 밝혀졌다.

소년은, 비록 왕의 목숨을 살리기 위해서라고는 하지만 죽을 생각을 하자 겁이 났다. 그런데 소년의 부모도 처음에는 당황하고 겁을 내더니만, 사신들 입에서 아들 목숨 대신 받게 될 황금 이야기가 나오자 눈이 휘둥그레 커졌다. 마침내 그들은 가로젓던 고개를 끄덕이고 말았다.

소년은 절망하여 울음을 터뜨렸다. 그래도 그들은 아들을 등지고 돌아섰다.

그렇게 돼서 왕 앞에 끌려 나가게 된 소년은 생각했다.

'죄 없는 사람 피 흘리는 것을 금하는 법이 있을 게다. 판사에게 호소해야지.'

판사가 말했다.

"그런 법이 있긴 있다. 그러나 이번 경우에는 죄 없는 사람 피를 흘려도 불법이 아니다. 그런 피를 흘려서라도 왕이 산다면 괜찮다고 되어 있으니까."

그러고 나서 판사는 소년을 처형하라는 문서에 도장을

찍었다.

이윽고 소년이 왕 앞에 섰다. 왕 곁에 의원들과 칼을 든 망나니가 기다리고 있었다. 소년은 생각했다.

'어떻게 해서든지 임금님의 마음을 돌리도록 해봐야지. 이대로 죽을 수는 없어.'

그러나 막상 고통으로 일그러진 왕의 얼굴을 보자 모든 희망이 사라지는 것을 느꼈다.

소년은 하늘을 올려다보았다. 그리고 빙그레 웃었다.

왕이 깜짝 놀랐다.

"너는 곧 죽을 몸인데 어떻게 웃음을 짓느냐?"

소년이 대답했다.

"제가 달리 무얼 할 수 있겠습니까? 처음에는 부모에게 호소해봤습니다만 그분들은 황금에 눈이 멀었습니다. 다음에는 판사에게 호소했습니다만 그 또한 제 말에 귀를 기울이지 않았어요. 끝으로 임금님께 살려달라고 말씀드리려 했습니다만 아파하시는 얼굴을 뵙자 소용없겠다는 생각이 들었습니다. 제가 죽으면 임금님이 고통에서 벗어나실 터인데 제 청원을 들어주실 리 없으니까요. 아무도 저를 도와주지 않는다고 생각하자 마지막으로 하늘에 계신 하느님이 생각났습니다. 그분만큼은 온 세상이 다 저를 버려도 지켜주실 테니까요. 그래서 하늘을 향해 웃었던 것입니다."

소년의 말에 왕은 부끄러워졌다. 그래서 말했다.

"이렇게 흠 없는 아이의 피를 흘리느니 내가 이대로 죽는 게 낫겠다."

그러고는 소년에게 입을 맞추고 황금을 잔뜩 주어 돌려보냈다.

그 뒤로 왕이 어찌 되었느냐고?
한 주일도 채 못 되어 말끔하게 나았다는 얘길 들었다.

나그네의 허풍

몸치장을 거하게 한 나그네가 마을에 나타났다. 사람들이 그의 태도에 놀란 표정을 지었다. 그가 말했다.

"나는 알리의 후손인데, 지금 메카로 가는 길이오."

곧 왕궁 문이 열렸다. 그가 왕 앞에 나아가 거창하게 예를 갖춘 다음 두루마리를 펼쳐 들었다.

"여기 제가 지은 엘레지(슬픈 노래)가 있습니다. 폐하께서 허락하신다면 읊어드리지요."

"허락하오."

왕이 말하자 나그네는 자기가 지었다는 시를 읊기 시작했다.

그가 몇 줄 읽어 내려갔을 때, 왕은 신하들이 수군거리는 소리를 들었다.

"무슨 일이냐?"

왕이 신하들에게 물었다.

그런 줄도 모르고 나그네는 계속 시를 읊어나갔다.

한 신하가 대답했다.

"폐하, 저는 방금 보스라에서 돌아왔는데, 제가 거기서 분명히 저 사람을 보았습니다. 그런데 어떻게 자기가 메카로 가는 길이라고 하는 건지 모르겠군요."

두 번째 신하가 말했다.

"제가 급히 조사를 해보니 저 사람은 알리의 후손이 아닙니다. 그 아비는 기독교인이고 말타에 살았습니다."

세 번째 신하가 말했다.

"폐하, 여기를 보십시오! 이것은 위대한 시인 안봐리의 노래를 모은 책입니다. 여기, 바로 이 구절을 지금 저 친구가 읽고 있군요!"

왕이 그가 가리킨 곳을 읽어보고는 화가 나서 소리쳤다.

"멈추어라!"

놀란 나그네가 고개를 들었다.

"폐하. 왜 그러십니까?"

"이 협잡꾼아! 네가 감히 남의 노래로 나를 우롱할 참이냐?"

그러고는 신하들에게 명했다.

"저놈을 매질해서 내쫓아라!"

"하오나, 폐하."

"네 말을 더 들을 것 없다."

"한 마디만, 폐하, 제발 한 구절만 더 읊도록 허락해주십시오. 이 한 구절마저 거짓으로 판명된다면 그때는 어떤 벌을 내리셔도 감수하겠습니다."

"그래? 그럼 어디 읊어봐라."

순례자가 읊었다.

"가득 찬 물통에 부은 우유 한 컵이

가난한 자에게는 그대로 크림이라네.

그러니 너무 화내지 마시게.

나그네의 허풍에선

그만큼의 진실도 얻지 못할 터인즉."

왕이 껄껄 웃으며 말했다.

"듣던 중 바른 말을 하는구나! 풀어주어라. 그리고 그에게 줄 선물을 마련하도록 하여라."

낙타와 그의 짐

"나보다 더 비참한 사람은 없을 거야!"

한 남자가 사막에서 부르짖었다. 대상(隊商)에서 떨어져 나와 혼자 몸이 되었던 것이다.

"이제 난 끝이다. 어쩌다가 이렇게 됐단 말인가!"

그를 등에 싣고 가던 낙타가 말했다.

"좀 조용히 하시오. 당신이 낙타를 타고 가는 사람일진대, 최소한 사람을 태우고 가는 낙타가 아니라는 점에는 감사해야 할 것 아니오?"

만수무강하옵소서

 파리둔 왕의 훌륭한 고관(高官) 이야기를 들려주겠다. 그는 충성을 다해 먼저 하느님을 섬겼고 그다음으로 왕을 섬겼다. 그는 지혜로웠고 총명했으며 멀리 내다보는 안목이 있었다. 그래서 왕의 신임도 두터웠다.

 어느 날, 한 신하가 왕에게 나아가 은밀한 말로 속삭였다.

 "폐하, 아무쪼록 날마다 평안하시고 만사 뜻대로 되시옵소서. 다만, 폐하의 만수무강을 위하여 한 말씀 드리지 않을 수 없음이 송구스러울 따름입니다."

 "무슨 말이냐?"

 "그게…… 저…… 음…… 말씀드리기가 좀 그래서

요……. 하지만 폐하를 위해서 말씀드리지 않을 수 없습니다."

"말해보아라."

"저…… 저 훌륭하다고 칭송이 자자한 고관 말씀입니다. 실은 그가 폐하를 노리는 원수라는 사실을 아시는지요?"

"무슨 말이냐? 믿을 수가 없구나."

"그럴 것이옵니다."

"그가 내 원수라는 증거가 있느냐?"

"물론입지요. 폐하께서도 그가 원하는 사람이면 누구에게나 돈을 빌려준다는 사실을 알고 계시겠지요?"

"알고 있지. 그게 무슨 잘못이냐?"

"높은 장교들부터 아래 졸병들까지 거의 모든 군대가 그에게 돈을 빌려 쓰고 있다는 사실도 아십니까? 그런데, 폐하께서 돌아가시는 날로 그 모든 돈을 갚도록, 그렇게 계약서를 작성하였다 하옵니다."

"그런 계약서를 만들었다고?"

왕의 얼굴이 핼쑥해지기 시작했다.

"그것이야말로 고관이 폐하의 죽음을 고대하고 있다는 증거 아니겠습니까? 폐하께서 돌아가시는 그날로 빌려준 돈을 모두 받을 테니까요."

왕은 한참 생각한 끝에, 고관이 겉으로는 자기의 만수무강을 빈다고 하면서 속으로는 어서 죽기를 바라고 있다는 결론을 내렸다. 더 이상 참을 수가 없어서, 고관을 불러놓고 따졌다.

"하고 많은 대신들 가운데 왜 하필 그대가 나의 원수란 말이오?"

고관은 깜짝 놀랐다. 왕이 자초지종을 모두 말하자 그는 무릎을 꿇고 땅바닥에 입을 맞춘 다음, 이렇게 말했다.

"폐하, 제 비밀을 알아내셨으니 이제 그 이유를 말씀드리겠나이다."

"말해보시오."

"폐하의 만수무강을 제가 원하듯이 다른 사람들도 원하기를 바랐습니다. 폐하께서 돌아가시는 날 제 돈을 갚아야 하게 됐으니 아무쪼록 폐하께서 오래 사시기를 모두가 바라지 않겠나이까?"

왕은 고관의 말을 듣고 크게 기뻤다. 그리하여 더 높은 벼슬자리를 그에게 상으로 내려주었다.

 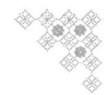

어미 낙타와 새끼 낙타

 대상(隊商) 행렬이 뜨거운 사막을 건너지르고 있을 때, 새끼 낙타가 어미 낙타를 불렀다.
 "엄마, 조금만 쉬었다 가요!"
 어미 낙타가 말했다.
 "이 바보야! 내가 이 굴레를 내 맘대로 썼다 벗었다 할 수 있다고 생각하니? 그럴 수만 있었다면 이 행렬에 끼지도 않았을 게다!"

선한 거짓말

 전쟁터에서 잡혀 끌려온 이방인 포로 때문에 왕이 크게 노하여 명을 내렸다.
 "당장 죽여라!"
 포로는 더 이상 희망할 게 없다고 생각하여, 이제까지 다물고 있던 입을 열어서 제 나라 말로 온갖 험한 욕설을 왕에게 퍼부었다. 마치, 개한테 몰려서 대드는 고양이 꼴이었다.
 왕은 그가 무슨 말을 하는지 알아들을 수 없었으므로 그 말을 알아들을 수 있는 신하 둘을 불렀다.
 "저놈이 지금 뭐라고 하는 거냐?"
 두 신하가 얼굴을 마주 대하였다. 이윽고, 성품이 착한 신하가 대답했다.

"폐하, 지금 저자는 자기네 말로 코란의 한 구절을 읊고 있는 것입니다."

"정말로? 코란의 어느 구절인가?"

"화를 참고 용서한 자들이 들어가는 낙원에 대한 구절입니다. 하느님은 성품이 착한 사람들을 사랑하시니까요."

"알겠다."

왕이 깊은 생각에 들어가, 이제 입을 다물고 있는 포로를 내려다보았다. 그러고는 그에게 말했다.

"네가 나에게 좋은 말씀을 일깨워주었구나. 좋다. 내가 화를 다스려 너를 용서하마. 일어나 가거라."

"그게 그렇지 않습니다!"

다른 대신이 소리쳤다. 그는 방금 말한 대신의 라이벌로서 성품이 강직한 사람이었다.

"한 나라의 대신이 거짓을 말해서는 안 되는 줄 압니다. 특히 어전에서라면 더욱 그렇습지요."

"무슨 말이냐?"

"폐하, 죄송합니다만 방금 거짓말을 들으셨습니다! 저 포로는 코란을 암송한 게 아니라 온갖 흉측한 말로 폐하를 욕하고 능멸하였나이다."

 왕이 눈살을 찌푸리고 깊은 생각에 빠졌다가, 이윽고 입을 열었다.

 "나는 그대의 참말보다 저 사람의 거짓말을 택하기로 하겠다. 그대의 참말은 남을 해치려는 마음에서 나왔고 저 사람의 거짓말은 착한 성품에서 나왔거니와, 그대가 보았듯이, 착한 성품은 착한 행실을 빚기 때문이다."

착한 행실

마을 촌장이, 코끼리 발에서 가시를 뽑아주고 있는 사람을 보았다. 그날 밤 꿈에 촌장은, 그 사람이 낙원에서 이렇게 외치는 것을 보았다.

"보라, 가시 하나에서 얼마나 많은 장미꽃이 피어나는가!"

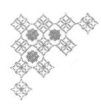 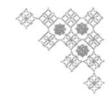

다리우스 왕과 그의 마부

페르시아 왕 다리우스가 하루는 사냥을 나갔다가 일행들로부터 떨어져 혼자 있게 되었다. 넓은 평원을 건너지르는데 웬 사내가 저쪽에서 달려오는 게 보였다.

"적이군!"

왕은 잽싸게 활을 들어 달려오는 사내를 겨냥했다.

"폐하! 쏘지 마십시오!"

사내가 겁에 질려 소리쳤다.

"저를 모르십니까? 저는 폐하의 말들을 돌보는 마부올시다."

다리우스가 웃으면서 화살을 거두고 말했다.

"자네 수호천사에게 감사하게. 까딱했으면 죽은 목숨

일 뻔했네."

마부가 따라서 웃으며 가까이 다가와 절을 했다.

"폐하, 황송하오나 한마디 말씀드릴 게 있습니다."

왕이 허락하자 그가 말했다.

"한 나라 국왕이 적과 친구를 알아보지 못한다면 뭔가 분명 잘못된 것입니다. 높은 자리에 앉은 사람은 자기를 의존하여 살아가는 자들 모두를 잘 알고 있어야 합니다. 폐하께서는 제가 말을 데리고 폐하께 나아갈 때마다 저와 말씀을 나누셨습니다. 그런데도 지금 폐하를 멀리 뵙고 기뻐서 달려오는 저를 적으로 보셨습니다."

마부가 두 팔을 벌리고 말을 이었다.

"저 말들이 보이십니까? 수백 마리가 넘지요. 그런데도 저는 저 말들을 모두 알고 있습니다. 이름만 대보십시오. 즉시 그 말을 대령시키겠습니다. 제게 그런 실력이 있으니까 저를 왕실 마부로 삼으신 것 아닙니까? 그러니 폐하, 폐하께서는 모름지기 폐하의 양떼를 그렇게 알고 보살피셔야 할 것입니다."

들리는 말로는, 다리우스 왕이 그에게 친절을 베풀었고 그의 충고를 가슴에 깊이 새겼다고 한다.

 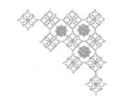

키질 왕의 성채

키질 아르슬레인 왕이 견고한 성채를 물려받았다. 산처럼 높고 두터운 성벽에 둘러싸인 성채로 가는 길은 좁고 구불구불해서 난공불락처럼 보였다. 그 안에서 왕은 아무 걱정 없이 편안하게 살았다.

어느 날, 현자 하나가 멀고 험한 길을 걸어 왕을 방문했다. 그는 세상을 두루 다니며 온갖 놀라운 일들을 겪은 사람이었다. 왕이 그를 환영하여 만찬을 베풀었다.

"당신이 온 세상을 두루 다녔다니 물어보겠소. 이만큼 튼튼하고 안전한 성을 본 적이 있소?"

왕이 묻자 현자는 웃으면서 대답했다.

"폐하의 성채는 참으로 아름답군요. 그러나 충분할 만

큼 든든한 곳은 아닙니다."

"어째서?"

"폐하께서 이 성채를 물려받기 전에도 누군가 여기에 살았겠지요?"

"물론! 수없이 많은 분들이 여기 살았소. 모두가 역사에 기록될 만큼 위대한 군주들, 왕들, 황제들이었지! 그동안 이곳은 한 번도 함락된 적이 없었소. 그들 모두에게, 지금 내게 그러하듯이, 모든 적으로부터 지켜주는 난공불락의 든든한 성채였단 말이오."

현자가 말했다.

"그냥 모든 적들이 아니라 하나를 빼놓은 모든 적들이지요. 만일 폐하의 이 성채가, 그들 모두를 하나씩 거꾸러뜨린 그 적마저 물리칠 수 있다면, 그렇다면 과연 충분히 든든한 성채라고 하겠습니다만!"

노파의 고양이

가난한 노파의 집에 얹혀살던 고양이가 투덜거렸다.

"정말이지 형편없는 곳이야. 헛간은 허물어지고 잠자리는 불편하고 먹을 것도 늘 모자라서 쥐 사냥을 해야 하거든. 아무래도 여긴 내가 머물러 살 집이 못 돼."

고양이는 살기 좋은 곳을 찾아 집을 떠났다. 그러나 기대에 미칠 만한 집이 좀처럼 보이지 않았다.

그러다가 술탄의 궁궐에 이르러 조금 열린 문틈으로 살금살금 들어갔다.

궁궐에 들어간 고양이가 사방을 둘러보며 혼자 말했다.

"그래, 바로 여기다! 저 보드라운 비단 이불에 따뜻한 담요에 신선한 우유에 갓 구워낸 고기 좀 봐. 여기야말로 나 같은 고양이한테 딱이구나, 딱!"

바로 그때였다. 피웃! 화살 하나가 고양이 코앞 문지방에 박혔다. 이어서 피웃—! 다른 화살이 고양이 꼬리를 스쳤다. 피웃! 피웃! 술탄 경비대가 쏘아대는 화살이 고양이 쪽으로 빗발치듯 쏟아졌다.

"니야옹!"

고양이는 화들짝 놀라 구르며 달리며, 겨우 궁궐 뜰을 건너질렀다. 그 뒤를 화살이 계속 쫓아왔다.

"맙소사!"

고양이가 숨을 헐떡이며 속으로 말했다.

'내 여기를 빠져나갈 수만 있다면, 그 할망구의 낡은 집이라도 더 바랄 게 없겠구나!'

 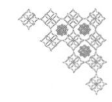

왕과 농부

 왕이 신하들과 함께 겨울 사냥을 나섰다가 날이 저물었는데 하룻밤 묵을 장소를 찾지 못했다. 날이 어두워졌을 때 겨우 한 농부의 허름한 오두막이 눈에 띄었다. 왕이 말했다.

 "저 농부 집에 가서 하룻밤 묵을 수 있겠는지 알아보자. 오늘 밤은 무척 춥겠구나."

 고관 하나가 반대했다.

 "폐하, 귀하신 몸으로 농부의 비천한 오두막에서 밤을 지내시다니요? 안 될 말씀입니다. 임금의 체통을 지키셔야지요. 저희가 여기 천막을 치고 따뜻하게 불도 피우겠습니다."

오두막 안에서 이 말을 들은 농부가 나오더니 왕 앞에 엎드려 땅에 입을 맞추고 나서 말했다.

"폐하께서 제 집에 머무신다 하여 폐하의 높으신 지체가 낮아지는 일은 결코 없을 것이옵니다. 제가 보기에, 폐하께서 머무시면 제 오두막의 위상이 약간 높아질 터인즉 고관 나리가 그것을 걱정하시는 듯합니다."

왕이 농부 말을 듣고 웃으며, 그의 초대를 받아들여 함께 먹고 함께 잤다. 이튿날 아침 왕은 농부에게 옷 한 벌과 여러 선물을 주었다.

이윽고 왕이 말에 올라타 떠나려 하자 농부가 말고삐를 잡고 따라오며 말했다.

"보십시오. 폐하께서는 간밤에 아무것도 잃지 않으셨습니다. 그러나 저는 엄청난 것을 얻었습니다. 폐하의 방문에 힘입어, 지금 제 정수리가 하늘 꼭대기에 닿은 그런 느낌이니까요!"

불쌍한 노예, 사아디

한때 나는 사람들과 어울리는 게 고단하여 예루살렘 부근 광야로 들어간 적이 있다.

그런데 거기서 프랑크족한테 붙잡히는 신세가 되었다. 그들은 나를 노예로 삼아 쇠고랑을 발목에 채우고는 트리폴리스에서 땅굴을 파게 했다.

때마침 운 좋게도 나를 아는 알레포 족장이 그리로 지나다가 나를 보고는 불쌍히 여겨 몸값으로 십 디나를 주고 나를 사서 알레포로 데려갔다.

그에게는 딸이 하나 있었다. 결국 얼마 되지 않아 나는 지참금 백 디나를 내고 그의 사위가 되었다. 그런데 그 여자는 얼마나 지독한 여자였던지! 성질이 고약한 건 말할 것 없고, 쉴 새 없이 투덜거리고 내 말에 순종하지 않는 건 물론, 심한 행패까지 부려 내 삶을 엉망진창으로 만들었다.

그러던 어느 날, 심한 말다툼 끝에 그 여자가 말했다.

"당신은 우리 아버지가 십 디나를 주고 프랑크족한테서 사 온 남자 아니오?"

내가 대꾸했다.

"그렇소. 당신 아버지는 나를 십 디나에 사다가 백 디나에 팔았지, 당신한테!"

성자와 나룻배

한번은 늙은 탁발승과 함께 강둑에서 나룻배를 기다리고 있었다. 이윽고 나룻배가 도착하고, 사공이 소리쳤다.
"뱃삯은 한 디램이오!"
마침 수중에 한 디램이 있었기에 나는 배에 올랐다.
사공이 탁발승에게 말했다.
"노인은 안 타시오?"
탁발승이 대답했다.
"돈이 없구려."
"그럼 거기 그냥 계시구려."
사공은 웃으며 배를 띄웠다. 사공이 늙은 탁발승에게 너무 무례하게 구는지라, 뭐라고 말을 하려는데 노인이 나를 말렸다.

"젊은이, 가만 두시오! 저 배를 띄우시는 분이 나도 띄워주실 게요."

 말을 마치고 노인은 기도할 때 깔고 앉는 자리를 들어 강물 위에 펼쳤다. 나는 꿈을 꾸는 것 같았다. 늙은 탁발승은 사뿐히 기도 자리 위에 앉아, 안전하게 강을 건넜다.

 그날 밤, 잠을 이룰 수 없었다. 날이 새자 노인이 웃으며 내게 말했다.

"아직도 뭐가 뭔지 모르겠소? 간단하오. 당신은 배가 건네주었고 나는 하느님이 건네주신 거라오."

현자의 자리

왕의 고관 하나가 자리에서 쫓겨나 탁발승 공동체에 들어갔다. 수도자들의 감화를 받아 차츰 안정을 되찾더니, 그들과 함께 행복한 삶을 살게 되었다.

어느 날, 왕이 마음을 바꾸고 사신을 보내어 복직을 권했다.

전직 고관은 왕의 청을 거절했다.

"저는 은퇴 생활을 즐기고 있습니다. 여기에는 개와 인간들의 위험한 이빨도 없고 중상하고 모략하는 자들의 혓바닥도 없으니까요."

왕이 다시 절박한 메시지를 보냈다.

"지금 왕실에는 그대처럼 지혜와 지식을 두루 갖춘 현

자의 조언이 필요하오. 급히 돌아오시오."

전직 고관이 대답했다.

"지혜와 지식을 두루 갖춘 사람은 그런 일에 발을 들여놓지 않는답니다."

약속과 불한당

왕이 맹세했다.

"이번 일만 내가 바라는 대로 된다면 많은 돈을 풀어 이 성(城)의 모든 성자들에게 나눠주겠다!"

일이 자기 뜻대로 되자, 왕은 돈 자루를 하인에게 주며 성자들에게 나눠주라고 시켰다.

하인은 머리가 좋고 아주 약았더란다. 하루 종일 성안을 돌아다니다가 밤이 되자 궁으로 돌아와, 한 푼도 꺼내지 않은 돈 자루에 입을 맞춘 다음 그것을 왕의 발치에 놓고 말했다.

"찾아보았지만, 성자를 만나지 못했습니다."

"무슨 소리냐? 이 성안에 적어도 4백 명이나 되는 사람들이 살고 있잖느냐?"

"폐하, 성자는 결코 돈을 받지 않는 사람인 줄 알고 있습니다. 돈을 받는다면 그자는 성자가 아니지요."

왕이 웃으며 대신들에게 말했다.

"이 불한당 녀석이 성자들을 좋아하지 않는지라, 그들을 도우려는 내 뜻을 막아버렸소. 하지만 이자의 말이 그르지는 않구려."

 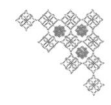

축복

한 죄인이 하느님 은혜로 회개하고 수도원에 들어갔다. 그곳에서 살기가 쉬운 일은 아니었지만, 세월이 흐르면서 악한 성품이 바뀌고 탐욕도 차츰 식어갔다. 그러나 비록 하느님한테서는 용서를 받았지만, 사람들의 헛바닥은 별문제였다. 그는 여기저기에서 수군거리는 소리를 들었다.

"속임수를 쓰는 거야. 저자는 오래 못 가. 누구도 저런 인간을 변화시킬 순 없다고."

"저 작자가 진짜로 옛날 버릇을 버렸다고 생각해? 오히려 전보다 더 고약해졌다는 말이 들리던데?"

"저 친구, 척하는 모습 좀 보라고."

마침내 그는 더 참을 수 없게 되었다. 그래서 원장에게 불만을 털어놓았다.

"사람들이 나를 두고 수군거리는 소리를 더 이상 들을 수가 없습니다."

원장이 눈물을 흘리면서 말했다.

"자네가 얼마나 큰 축복을 받았는지 모르는군? 자네야말로 하느님의 크신 사랑을 받았네. 왜냐하면 자기가 사람들이 생각하는 것보다는 낫다는 사실을 알고 있으니까. 자네에 견주어 나는 얼마나 비참한가? 모두들 나를 완벽하다고 생각하지만, 아아, 나는 내가 얼마나 부족한 사람인지를 잘 알고 있다네!"

술탄과 탁발승

탁발승 하나가 사막에 앉아 행복과 평화를 맘껏 누리고 있었다. 마침 술탄이 여행하다가 그곳을 지나게 되었는데, 인사는커녕 고개도 들지 않았다.

술탄은 화가 났다.

"도대체 저 넝마를 뒤집어쓴 거지 놈은 무슨 쓰레기란 말이냐?"

고관이 말에서 내려 탁발승에게 다가갔다.

"폐하께서 지나가시는 것을 몰랐소? 당신의 무례함에 폐하께서 진노하셨소. 윗사람 존경하는 마음은 어딜 갔소?"

탁발승이 대답했다.

"가서 아뢰시오, 폐하께 뭔가 얻을 것이 있는 자들한테서나 경례받기를 기대하시라고. 내가 만일 넝마를 뒤집어쓴 거지라면 오히려 폐하께서 보살펴줄 대상이지요. 내가 만일 짐승이라면, 목자가 양을 위해서 있는 거지 양이 목자를 위해서 있는 건 아님을 기억하시라고 일러드리시오. 운명이 장난질을 해서 거지와 임금으로 살게 했지만, 무덤을 열어보시오. 부자와 가난뱅이 사이에 무엇이 다릅디까?"

술탄은 여전히 화가 났지만, 탁발승이 하는 말에 마음이 움직였다. 그래서 그에게 다가가 말했다.

"내게 무슨 특별히 들려줄 말이라도 있는가?"

"한마디만 하겠습니다. 폐하는 지금 가진 것이 많은 부자입니다만 그 모든 재물과 땅과 왕국이 어느 날엔가 폐하 손을 떠나 다른 사람에게로 넘어갈 것임을 잊지 마십시오."

"고맙네. 내가 그대에게 줄 무슨 선물이 있을까?"

"있지요. 제발 두 번 다시 성가시게 말아주십시오."

하팀 타이와 자객

 왕은 백성들이 자기를 어떻게 생각하는지, 그것이 늘 궁금했다. 그래서 하루는 거지로 변장하고 장터에 나갔다가 거기서, 백성들이 자기를 염두에도 두지 않는다는 사실을 알았다.

 그들은, 먼 곳에 살고 있는 하팀 타이라는 족장을 칭송하느라고 바빴다.

 "그분이 마지막으로 보여주신 관대한 아량에 대한 이야기를 들었소? 사람들이 말하기를……."

 "그건 아무것도 아니오! 그분의 기적같이 놀라운 말(馬)은 어떻소? 내가 들었는데……."

 "그분의 용기는……."

"……그분의 지혜는……."

왕은 고약한 기분이 되어 궁으로 돌아왔다. 그리고 화가 나서 중얼거렸다.

"고상하고, 관대하고, 용감하신 분? 그런 말은 임금인 나에게 사용해야 하는 것 아닌가?"

왕이 종 파리드를 불렀다. 파리드는 키가 컸고 가냘픈 볼은 창백했으며 눈동자는 검었다. 게다가 옷도 검은색이었다.

"너도 하팀 타이에 대하여 들은 말이 있느냐?"

"물론입니다, 주인님."

"그자가 죽어야 내 맘이 편하겠다. 가서 그를 죽인 다음, 목을 가져오너라."

왕의 명령에 파리드는 깜짝 놀랐다.

"못 들었느냐?"

왕이 소리쳤다.

'어쩔 수 없군!'

파리드는 속으로 중얼거리며, 굳센 손으로 칼자루를 움켜잡았다.

그날 밤, 검은 그림자 하나가 궁을 벗어나, 몇 날 며칠 여행을 계속했다. 파리드는 왕국의 변경까지 하팀 타이를 찾아 헤매었지만, 그를 찾을 수 없었다.

그는 말 위에 앉아 만나는 사람들에게 물어보았다.

"하팀에 대해서 말해줄 수 있겠소?"

사람들은 그의 칼과 날카로운 얼굴과 검은 눈동자를 보고는, 고개를 저으며 등을 돌렸다. 아무도 그에게 잠자리를 마련해주지 않았다.

여러 날을 그렇게 밤낮으로 여행해야 했으므로 마침내 파리드는 지쳐버렸다. 그는 사막 한가운데 오아시스에서 몸을 눕히고 잠이 들었다.

밤이 깊을 무렵 그가 갑자기 잠에서 깨어났다. 한 젊은이가 거기 앉아 있었다. 파리드의 손이 저절로 칼자루를 잡았다.

젊은이가 말했다.

"놀라지 말아요. 멀리서 오셨나요?"

"여러 날을 밤낮으로 여행했다네."

"그러면 좀 쉬는 게 좋겠군요. 귀하신 몸처럼 보이는데, 주인을 위해서 무슨 특별한 사명을 띠고 오신 겁니까? 오늘 밤, 나와 함께 먹고 쉬겠어요?"

파리드가 젊은이를 따라가니, 텐트들이 여러 채 세워져 있었다. 사람들이 그가 몸을 씻도록 물을 떠다 주고 깨끗한 옷도 주었다. 종이 울리자, 파리드는 음식이 마련된 다른 텐트로 안내되었다. 하인들이 웃는 얼굴로 파리드와 젊은이를 기다리고 있었다.

젊은이가 말했다.

"나는 부자가 아닙니다. 그래도 내게 있는 모든 것이 당신 것이니 맘대로 쓰십시오."

그는 너무나도 친절했고 어떻게든지 나그네를 편하게 해주려고 애를 썼다. 파리드는 피곤이 모두 가시는 것을 느꼈다.

두 사람은 밤늦도록 많은 이야기를 나누었다.

"이제 그만 주무셔야지요."

젊은이가 하인을 불러, 파리드를 조용하고 안락한 텐트로 모시라고 시켰다. 파리드는 편안하게 잠이 들었다.

이튿날 아침, 젊은이가 파리드에게 하루 더 묵으라고 간곡하게 권했다. 파리드가 대답하기를,

"나도 그러고 싶네. 자네를 좀 더 알고 싶기도 하고. 그러나 나는 비밀 임무를 띠고 온 사람일세. 자네가 믿을 만한 사람 같아서 말하네만, 나는 하팀 타이라는 족장을 찾아야 해. 혹시 그가 어디 있는지 아는가? 왕께서 그의 목숨을 원하신다네. 내게 그를 죽이고 그의 목을

가져오라고 하셨지." 하였다.

젊은이가 슬픈 목소리로 말했다.

"임금님이 하팀의 목숨을 원하신다면 그럴 만한 이유가 있겠지요. 그런데요, 만일 당신이 임무를 완수하지 못하고 그냥 돌아간다면, 왕께서는 당신을 어떻게 하실까요?"

파리드가 씁쓸하게 웃으며 대답하기를,

"내 목숨을 대신 가져가시겠지." 하였다.

젊은이가 고개를 끄덕이며 말했다.

"알겠습니다. 파리드 님, 제 말을 들어보십시오. 당신은 지금 제 집에 오신 손님입니다. 그러니 제 친구도 되지요. 저는 저 때문에 제 친구가 위태롭게 되는 것을 바라지 않습니다. 어서 칼을 뽑으십시오."

그러더니 파리드 앞에 무릎을 꿇고 말을 계속했다.

"제가 당신이 찾고 있는 하팀 타이올시다. 제 목을 치십시오. 그래서 임금님을 만족시켜드리고 당신을 안전하게 지키십시오."

파리드는 너무나도 놀라서 칼을 뽑아 멀리 던져버리고 부르짖었다.

"내 칼을 영원토록 사막에 묻어버리리라! 내가 만일

그대의 머리카락 한 올이라도 건드린다면, 나는 더 이상 파리드라는 이름을 가진 인간이 아니라 이름도 없는 개가 될 것이오. 일어나시오, 하팀! 나로 하여금 그대 앞에 무릎을 꿇게 해주시오. 당신을 껴안고 영원한 친구로 삼게 해주시오!"

그런 다음, 파리드는 왕에게로 돌아왔다. 왕이 그를 반기며 물었다.

"하팀은 죽였겠지?"

그런데 파리드 손에는 아무것도 들려 있지 않았다. 칼도 보이지 않았다. 어리둥절한 왕 앞에 파리드가 몸을 던지고 말했다.

"지혜로우시고 정의로우신 임금님! 여러 날을 헤매고 다니던 저에게, 하팀이 그 모습을 드러냈습니다. 저는 그가 임금님만큼 지혜롭고 정의로운 사람인 것을 알게 되었습니다. 그는 진실로 너그럽고 고상한 인품을 지닌 사람이었고 저보다 훨씬 더 큰 용기를 지니고 있었습니다. 그가 사랑이라는 이름의 칼로 제 안에 있던 모든 사악함을 단번에 잘라버렸나이다."

파리드의 자세한 보고를 듣고 난 왕은 화가 풀어지고 부끄러움을 느껴, 파리드에게 많은 상을 내리고 다시 하팀에게 보내어 자기를 방문해달라고 청했다는 후문(後聞)이다.

 하팀 타이가 오자, 왕은 울면서 달려가 그를 부둥켜안고 함께 기뻐했더란다.

 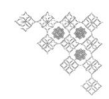

탁발승에게 돌아간 보상

탁발승이 한번은, 왕은 낙원에 있고 탁발승은 지옥에 있는 꿈을 꾸었다.

꿈에서 깨어난 그가 부르짖었다.

"옳지 않은 일이다! 거꾸로 되어야 마땅하지 않는가?"

어디선가 대답이 들려왔다.

"천만에! 왕이 낙원에 간 것은 살아 있는 동안 탁발승들을 사랑하고 그들의 벗이 되어주었기 때문이고, 탁발승이 지옥에 간 것은 살아 있는 동안 지나치게 왕들과 가까이 지냈기 때문이다!"

동전 두 닢

군인들이 몰려드는 인파를 헤치며 한 젊은이를 처형장 쪽으로 끌고 갔다. 집집마다 사람들이, 거리에서 벌어지는 일을, 창문으로 내다보았다.

거리의 가난한 탁발승이 지나가는 사람에게 물었다.

"무슨 일이오?"

"젊은 악당 녀석이 결국 잡힌 모양이오. 이제 곧 경을 치겠지."

탁발승은 인파를 헤집고 가까이 갔다가 군인들이 끌고 가는 젊은이를 보고 깜짝 놀랐다. 바로 어제, 거리에서 구걸하고 있는 그의 손에 동전 두 닢을 던져주고 지나간 바로 그 젊은이였던 것이다. 그가 던져준 동전 두

넢은 굶주린 탁발승의 배를 채우기에 충분한 돈이었다.

이제 그 젊은이가 죽음을 맞게 되었다. 망나니의 칼이 젊은이의 목을 치기 전에 내가 그를 위해서 무엇을 할 수 있을까, 탁발승은 생각했다. 문득 한 가지 생각이 늙은 탁발승 머리에 떠올랐다. 그가 큰 소리로 외쳤다.

"아이구, 아이구, 술탄이 돌아가셨다! 우리의 사랑하는 군주께서 돌아가셨어!"

탁발승은 마구 울면서 두 팔을 허공에 휘둘렀다.

여기저기서 통곡 소리가 터져 나왔다. 사람들이 머리와 가슴을 치며 흐느껴 울었다. 군인들은 궁으로 달려갔다. 사람들이 모두, 그 젊은이만 빼고, 군인들 뒤를 따라 궁으로 갔다. 아무도 그를 챙길 겨를이 없었고, 젊은이는 자취도 없이 사라졌다.

군인들이 왕실로 달려 들어가 보니, 거기, 보석으로 꾸민 의자에 어리둥절한 얼굴로 술탄이 앉아 있었다.

자초지종을 알게 된 군인들은 급히 늙은 탁찰승을 붙잡아, 술탄 앞으로 끌고 갔다. 술탄이 그에게 믈었다.

"어쩌자고 이런 소란을 피웠느냐? 내가 죽기를 바라서, 그래서 내가 죽었다고 소문을 퍼뜨렸느냐? 그토록 내가 못된 군주였더란 말이냐?"

탁발승이 대답했다.

"위대한 군주님! 제가 거짓을 말한 것은 틀림없는 사실이옵니다. 허나, 제 거짓말로 군주님이 돌아가시지 않은 것은 말할 것 없고, 다른 불쌍한 인간 하나가 또한 죽음을 면케 되었나이다."

술탄은 탁발승의 이야기를 마저 듣고 나서 그의 영리함을 칭찬하며 더 이상 묻지 않기로 했다. 뿐만 아니라 그에게 선물까지 내렸다.

젊은이는 가까스로 성을 빠져나와 다른 마을로 갔다가 거기서 어떤 사람을 만났는데, 그가 젊은이에게 물었다.

"어떻게 죽음을 면하고 살아 나왔소?"

그가 대답했다.

"한 늙은 탁발승의 용기 덕분에, 그리고 동전 두 닢 덕분에 살아났다오."

 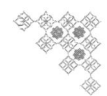

실패한 도둑

 어느 날 밤, 한 도둑이 가난한 성자의 오두막으로 들어갔다. 방 안을 샅샅이 뒤졌지만 훔쳐갈 물건이 보이질 않았다. 도둑은 결국 낙심하여 빈손으로 문을 나섰다.
 그러자 잠자지 않고 모든 것을 지켜본 성자가 그를 불러 세웠다.
 "가져갈 물건이 없어서 정말 미안하네. 그래도 자네를 낙심시켜 그냥 돌려보낼 수는 없구먼. 이걸 가져가시게."
 그러고는 깔고 자던 담요를 도둑에게 던져주었다.

하팀 타이의 말(馬)

술탄이 말했다.

"하팀 타이의 그 유명하다는 말(馬) 이야기 좀 해보아라."

술탄은 사람들이 그 아랍인 족장의 너그러움과 놀라운 말에 대하여 수군거리는 소리를 듣는 일에 그만 넌더리가 났다. 술탄의 조신(朝臣)들은 입에 침이 마르도록 하팀의 말을 칭송해댔다.

"색깔은 연기처럼 푸르답니다."

"새벽 미풍처럼 날래다더군요."

"날랜 정도가 아니랍니다. 한번 내달리면 그 모습이 티끌 속에 묻혀서 보이지 않는다니까요."

"새보다 빠르게 날아간답니다."

"울음소리는 천둥소리라지요."

"번갯불처럼, 동에 번쩍 서에 번쩍……."

술탄은 참을성 있게 "음, 음……" 하며 듣다가,

"그러니까 세상에는 하팀 타이만큼 너그러운 사람이 없고 그의 말보다 더 좋은 말이 없다는 얘기가 되겠군? 그가 정말로 그렇게 너그러운 사람이고 그의 말이 정말로 그렇게 훌륭한 말인지를 알아볼 무슨 방법이 없을꼬?" 하였다.

그렇게 궁리하다가 무릎을 치더니,

"옳지! 좋은 수가 있다. 그래, 그렇게 하면 되겠군. 하팀 타이에게 사람을 보내어 그 말을 내게 달라고 하는 거야!"

"뭐라고요, 폐하?"

곁에 있던 고관이 묻자, 왕은

"내 말을 못 알아듣겠나? 하팀 타이는 너그러운 사람으로 유명하지. 그가 정말로 너그러운 사람인지, 말을 달라고 해서 시험해보겠단 말일세." 하였다.

"하지만, 만일 그가 거절한다면요?"

"그러면 그의 너그러움도 끝장나는 거지. 나는 그의 너

그리움이 빈 깡통처럼 소리만 요란한 헛소문이라는 사실을 세상에 알리게 되고. 어떻게 생각하는가?"

"탁월한 계책이십니다, 폐하!"

"물론! 내가 누군가? 그리고 이런 나의 계책을 실행할 사람이 자네 말고 누가 있겠는가? 부하 열을 데리고 곧장 떠나게."

술탄의 사신 행렬이 길을 떠났다. 그들이 궁을 떠날 때에는 날씨가 맑았는데, 길을 가는 동안 비가 내리더니 이내 길바닥이 진흙탕으로 바뀌고 여기저기에 홍수가 났다.

이윽고 비에 젖은 일행이 고단한 몸으로 도착했을 때, 하팀 타이가 달려 나와 그들을 맞이하였다. 그들은 곧장 준비된 방에서 마른 옷으로 갈아입고 식탁으로 초대되었다.

모두들 풍성한 음식 차림에 놀라지 않을 수 없었다. 기름진 불고기는 너무나도 맛있었고 이어서 달콤한 요리들이 접시마다 수북하게 담겨 나왔다. 게다가 술잔은 모두 금잔이었다.

모두 배부르게 먹고 나자, 하팀 타이가 물었다.

"자, 이제 내가 술탄을 위해서 해야 할 일이 무엇인지 말해보십시오."

고관이 조심스럽게 자기가 이곳으로 오게 된 내력과 목적을 말하기 시작했다. 그런데, 그가 말을 하고 있을 때 문득 슬픈 기색이 하팀 타이의 얼굴에 떠올랐다. 이윽고 고관이 술탄의 요구를 입 밖에 내자, 하팀 타이가 비통한 목소리로 말했다.

"아이구, 왜 진작 말해주지 않으셨소? 사실은 여러분이 도착하셨을 때, 마침 홍수가 나서 가축우리로 가는 길이 모두 끊어졌기 때문에 무척 난처했다오. 여러분을 위해서 잡을 수 있는 짐승은 문간에 매여 있던 갈 한 마리밖에 없었지요. 그 말이 바로 술탄께서 달라고 하시는 그 말이랍니다. 내 비록 그렇게 훌륭한 말을 두 번 다시 못 만난다 해도, 여러분을 굶겨서 잠자리로 도실 수는 없었습니다."

며칠 뒤, 사신 일행은 금과 옷과 여러 마리 말을 선물로 받아가지고 술탄에게로 돌아왔다. 술탄은 그들의 말을 듣고서 하팀 타이의 너그러움에 실로 탄복하지 않을 수 없었다.

우상 숭배자

한때 우상을 숭배한 사람이 있었다. 몇 년 동안은 잘 살았는데, 어느 날 난감한 문제가 발생했다. 그가 신전으로 들어가 우상 앞에 몸을 던지고 뒹굴면서 울부짖었다.

"도와주시오. 이러다가 죽겠어요. 제발, 나를 불쌍히 여겨주시오."

이렇게 오랫동안 울며불며 애걸했지만, 우상은 아무 대답이 없었다.

마침내 그가 소리 질렀다.

"오, 너, 우상아! 내가 아무래도 여러 해 동안 너를 잘못 섬겼나 보다. 지금 당장 나를 도와주지 않으면, 전능하신 하느님께로 가서 그분께 도움을 청할 테다."

그래도 우상은 여전히 아무 대답이 없었다.

그는 신전을 떠나 거기서 뒹굴 때 묻은 먼지를 닦아낼 짬도 없이 곧장 전능하신 하느님께 도움을 청했다.

이 모든 것을 지켜본 현자가 속으로 놀랐다.

'멍청한 우상 숭배자가 더러운 먼지를 그대로 뒤집어 쓴 채 감히 하느님께 나아가 도움을 청하다니! 그런데도 하느님께서는 그의 청을 들어주실 참이란 말인가?'

하느님이 그에게 말씀하셨다.

"저 어리석은 자가 여러 해 동안 우상을 헛되이 숭배해온 것은 사실이다. 그래서 우상에게 도움을 청했지만 거절당했다. 내가 또한 그의 청을 거절한다면, 나와 우상의 다를 바가 무엇이란 말이냐?"

열린 문의 기적

가난한 탁발승이 땅바닥에 주저앉아 울고 있었다. 눈먼 사람 하나가 울음소리를 듣고 길을 더듬어 그에게로 가까이 다가가서 물었다.

"무슨 일로 울고 있소?"

탁발승이 분노와 절망 섞인 목소리로 대답했다.

"여기 사는 부잣집에서 동냥 좀 얻으려 했는데, 문을 닫아버렸소."

눈먼 사람이 말했다.

"그만 울어요."

그러고는 탁발승 옷깃을 잡아끌었다.

"나 있는 곳으로 갑시다. 나와 함께 먹고, 오늘 밤은 거기서 지내시오."

두 사람은 눈먼 사람 거처로 자리를 옮겼다. 눈먼 사람이 음식을 장만하여 탁발승에게 내주었다. 식사를 마치고 탁발승이 고마운 마음으로 기도했다.

"하느님께서 당신 눈을 뜨게 해주시기를!"

그날 밤, 눈먼 사람은 뺨으로 눈물이 흐르는 것을 느꼈다. 아침이 되자, 그가 눈을 떴다. 세상이 보였다!

소문이 삽시간에 온 마을에 퍼졌다. 교만한 부자도 흥미를 느껴 눈멀었던 사람을 찾아서 만났다. 그가 물었다.

"어떻게 된 것인가? 말해보게. 누가 자네를 암흑세계에서 나오게 했는가?"

눈멀었던 사람이 대답했다.

"오, 어리석은 폭군, 가슴이 눈먼 사람아! 당신이 닫아버린 문 앞에서 울고 있던 탁발승을 기억하시는가? 당신의 그 캄캄한 가슴에 밝은 빛을 받아들이고 싶거든, 탁발승의 먼지 묻은 발에 입을 맞추시게나. 어젯밤, 당신은 그의 면전에서 문을 닫아걸었지. 바로 그 탁발승이 내 눈의 닫힌 문을 열어주셨네."

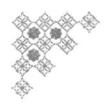 

구두쇠와 그의 아들

많은 돈을 지녔지만 그것을 쓸 줄 모르는 구두쇠가 있었다. 음식을 장만하는 데도 돈이 들었으므로 그는 죽지 않을 만큼만 먹었다. 거지들도 그에게서는 땡전 한 푼 얻지 못했다. 그는 최후심판 날을 위해서 저축을 하고 있었던 것이다! 밤이나 낮이나 그의 마음은 온통 감추어 둔 돈 꾸러미에만 가 있었다.

도대체 어디에다 돈을 감추어두었을까? 그의 아들은 그것이 궁금했다. 그래서 하루는 아버지 뒤를 몰래 밟아, 결국 아버지의 비밀 장소를 알게 되었다. 땅을 파고 그 속에다 돈 궤짝을 묻어두었던 것이다.

망설일 것 없이 아들은 돈 궤짝에 담겨 있던 금과 은을 모두 꺼내고 돌멩이로 그 속을 채워놓았다. 그러고는 훔친 돈으로 흥청망청 신나게 놀아났다. 술집과 노름판에서 그 많은 돈이 새떼처럼 날아가버렸다.

한편, 돈 궤짝을 열어본 구두쇠가 얼마나 큰 소리로 울부짖었겠는지, 말 안 해도 짐작될 것이다. 그는 밤새도록 목이 쉬도록 울고 또 울었다. 아들 또한 그날 밤새도록 노래하고 춤추고 기분이 최고였다.

날이 밝자, 아들이 집으로 돌아와서는 울음에 지친 아버지한테 웃으며 말했다.

"아버지, 어차피 땅에 묻어놓고 즐기실 것을, 그게 금덩이면 어떻고 돌멩이면 어떻습니까?"

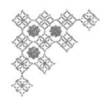 

탁발승과 여우

"어쩌면! 저럴 수가?"

탁발승이 들판에서 여우와 맞닥뜨렸는데, 여우는 발도 없고 다리도 없었다. 그런데도 건강해 보이는지라, 탁발승은 놀라지 않을 수 없었다.

"어떻게 저런 몸으로 죽지 않고 살아 있을까? 그것도 건강하게!"

그때 사자가 모습을 드러냈다. 탁발승은 얼른 바위 뒤로 몸을 숨겼다.

사자가 들고양이 한 마리를 사냥해서는 여우 있는 곳까지 시체를 끌고 오더니 거기서 먹을 만큼 먹고, 많은 고기를 그 자리에 남겨둔 채, 가버렸다. 여우가 서둘러

남은 고기를 뜯어먹었다.

"햐아! 저랬던 것이로구나?"

탁발승은 아까보다 더욱 놀랐다. 자기 눈앞에서 벌어진 일이 믿어지지가 않아서 이튿날 다시 들판으로 나가 몸을 바위 뒤에 숨기고 지켜보았다. 역시 어제와 같은 일이 벌어졌다. 사자가 새로 사냥한 들고양이를 가지고 여우 근처로 와서 먹을 만큼 먹고 가버리자 여우가 남은 고기를 뜯어먹었다. 탁발승이 무릎을 쳤다.

"옳거니! 저것이 바로 하늘의 계시렷다? 이제부터는 나도, 저 여우처럼, 하느님의 자비로우신 손길에 나를 맡기고 한자리에 누워 있어야겠다."

그러고는 어두운 담장 한구석에 몸을 기대고 누워 기다리기 시작했다.

"하느님께서 먹을 것을 가져다주시겠지!"

탁발승은 그 자리에 며칠 동안 꼼짝 않고 누워 있었지만, 친구도 나그네도 그림자를 비치지 않았다. 그렇게 며칠을 더 보냈다. 몸이 마르고 또 말라 살가죽이 뼈에 달라붙을 지경이 되었다.

이윽고, 온몸에 기운이 빠져 움직일 수조차 없게 되었을 때 성자가 그 곁을 지나다가 발걸음을 멈추더니, 어째서 그렇게 됐느냐고 물었다.

　탁발승이 자초지종을 말하고 성자에게 물었다.

　"그게 하늘의 계시 아니었던가요? 말씀해주십시오."

　성자가 대답했다.

　"물론 하늘의 계시였지. 그런데 어쩌면 그렇게도 멍청하게 굴었더란 말인가? 그것이 여우가 아니라 사자처럼 살아가라는 계시인 줄을 왜 몰랐던가?"

 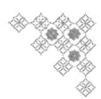

마음으로 바라는 것

아픈 사람에게 누가 물었다.
"당신 마음으로 바라는 게 무엇이오?"
그가 대답했다.
"이 마음으로 무엇이든 바랄 수만 있다면, 더 바랄 게 없겠소."

수다쟁이 건달

수다쟁이 건달이 하루는, 지나가던 마음씨 고운 사람을 붙잡고 말을 늘어놓았다.

"나는 지금 깊은 수렁에 빠져서 도무지 헤어 나올 수가 없다네. 심술 사나운 친구에게 열 디램을 빚졌는데 동전 한 닢 없는지라 갚을 길이 없어서 밤에는 잠도 이루지 못하네. 그런데 날만 새면 어김없이 빚쟁이가 찾아와 하루 종일 그림자처럼 따라다니며 빚 독촉을 하는 거라. 참으로 환장할 지경일세. 어떤 친절한 사람이 동전 두 닢만 빌려줘도 큰 도움이 되겠는데……."

마음씨 고운 사람이 그의 말을 귀 기울여 듣고는 금화 두 개를 주었다. 건달은 태양처럼 밝은 표정으로 사라져

갔다.

이를 보고 한 친구가 마음씨 고운 사람에게 말했다.

"당신, 저 건달 녀석을 모르오? 그가 어떤 인간인지는 거리의 사람이 모두 알고 있소. 내일 아침에 죽는다 해도 아무도 눈물을 흘리지 않을 게요. 벼룩이 간도 빼어 먹을 사기꾼이라니까."

마음씨 고운 사람이 대답했다.

"아무래도 좋아요! 내 생각은 이렇소. 그가 진실을 말했다면 나는 그의 명예를 지켜준 것이고, 거짓을 말했다면 내 명예를 지킨 것이오. 흠 없는 사람의 명예라 해도, 교활하고 수다스런 자에게 더럽혀지도록 놔둘 수는 없는 일이지요."

부자와 가난뱅이

굶주린 탁발승이 부잣집 대문에서 구걸을 했다. 부자가 화를 내며 퉁명스럽게 소리 질렀다.
"꺼져버려! 한 푼도 줄 수 없다!"
탁발승은 마음이 아팠다.
"저렇게 잘사는 사람이 이렇게 모질다니! 과거에 구걸해본 적이 한 번도 없는 사람인 게 틀림없어."
부자가 종에게 말했다.
"갔느냐? 아직 안 갔거든 쫓아버려라!"
종이 문간으로 나와 탁발승을 밀어냈다.
모든 것을 마련해주시는 분, 하느님께서 부자의 행실을 보셨던지 갑자기 그의 신상에 변화가 일어나기 시작했다. 운명이 극적으로 곤두박질하면서 부자는 순식간에 빈털터리가 되었다. 얼마 되지도 않는 개인 물건을 실을 나귀 한 마리 남아 있지 않았다. 한때 부자였던 그가 벌거숭이 몸으로 티끌에 묻혀 앉아 있게 되었다.

그의 종은 다른 부자에게 팔렸다. 새 주인 역시 돈 많은 부자였다. 그러나 전 주인과는 달랐다. 재물만 많은 게 아니라 마음도 풍요로워서 모든 사람에게 친절하고 너그러웠다. 가난한 사람을 보면 그에게 무엇을 베풀 수 있어서 기뻐했고 받는 사람 못지않게 좋아했다.

어느 날 밤, 누가 그의 집 대문을 두드렸다.

"밥 한 술만 주십시오! 밥 한 술만!"

친절한 주인이 종을 불렀다.

"밥 한 상 차려다 주어라. 배불리 먹도록."

종이 시키는 대로 했다. 그러고는 눈물을 흘리면서 돌아왔다.

주인이 물었다.

"왜 우느냐?"

종이 울면서 대답했다.

"제가 그를 알아보았습니다. 전에 주인으로 모시던 바로 그 사람이었어요! 그토록 많은 재산과 금은보화를 가졌던 사람인데, 보십시오, 지금은 비참한 거지가 되었습니다."

주인이 말했다.

"너무 비통해하지 말아라. 너는 방금, 그 누구도 불공평한 일을 당하지 않는다는 사실을 눈으로 보았다. 문간에 있는 걸인이 전 주인임을 알아봤다고? 그럼 그가 너를 시켜서 쫓아버렸던 굶주린 탁발승이 지금 네 앞에 서 있는 것은 알아보지 못하겠느냐?"

고삐 끈 이름

한 소년이 내게로 다가오는데, 양 한 마리가 종종걸음으로 그 뒤를 따르는 게 보였다. 내가 소년에게 말했다.

"고삐 끈이 너무 짧은 것 같구나. 그러다가 양에 걸려 넘어질라."

소년이 웃으면서 고삐 끈을 놓아주었다. 양은 기쁨에 넘쳐 깡충거리며 저만큼 달아났다.

그런데, 소년이 다시 걸음을 떼어 놓자, 양이 서둘러 소년에게로 다가오더니 아까처럼 바짝 붙어 따라오는 것이 아닌가. 소년이 양의 입에 보릿짚을 넣어주면서 말했다.

"옳으신 말씀입니다. 그런데요, 보시다시피 이 고삐 끈 이름은 친절과 사랑이랍니다."

가난한 사람의 선물

가난하지만 남에게 베풀고 싶어 하는 사람이 있었다. 돈이 생기기만 하면 금방 누군가에게 주었기 때문에 언제나 가난했다.

하루는 감옥에 갇힌 사람한테서 그에게 전갈이 왔다.

"당신의 너그러운 성품과 행실에 대한 소문을 들었습니다. 제발 나를 도와주십시오. 나는 지금 빚 두 디램을 갚지 못해서 감옥에 들어와 있습니다."

그가 빚졌다는 두 디램이 많은 액수는 아니지만, 가난한 사람에게는 그만한 돈이 없었다. 그래서 그가 빚졌다는 채권자에게 전갈을 보냈다.

"고귀하신 어른께 부탁드립니다. 여기 한 디램을 보냅

니다. 나머지 빚은 내가 보증을 설 테니, 그를 감옥에서 풀어주십시오."

채권자가 한 디램을 받고 죄수를 풀어주는 데 동의했다. 가난한 사람이 감옥으로 가서 죄수를 만났다.

"이제 당신은 풀려날 것입니다. 감옥에서 나가는 대로 멀리 달아나십시오."

죄수는 망설일 이유가 없었다. 새장에 갇혀 있다가 풀려난 새처럼, 자취를 감추었다.

빚쟁이가 곧 가난한 사람을 붙잡아 도망친 죄수를 내놓든지 아니면 나머지 한 디램을 물어내라고 요구했다. 그는 둘 다 할 수 없었다. 그래서 별수 없이 도망친 죄수 대신 족쇄를 차고 감옥에 갇히게 되었다.

그러나 그는 아무 불평도 하지 않았다. 밤낮으로 감옥살이에 시달렸지만 누구에게 도움을 요청하지도 않았다.

성자가 지나다가 그를 보고 물었다.

"당신은 남에게 해를 끼칠 사람처럼 보이지 않는데, 여긴 왜 들어와 있는 거요?"

그가 대답했다.

"맞아요. 나는 죄를 짓지 않았습니다. 다만 어떤 불쌍한 친구가 족쇄를 차고 이곳에 있는 것을 보았는데 그를 자유롭게 풀어주는 길은 내가 대신 족쇄를 차는 수밖에 없더군요. 다른 누가 감옥에서 고통을 겪고 있는데 나는 자유롭게 살아간다는 게 옳지 않다는 생각이 들었습니다."

그는 그런 식으로 살다가 죽었다. 그러나 그의 선한 이름은 지금도 살아 있다.

왕의 식사량

아라비아인 의사에게 왕이 물었다.
"내가 하루에 얼마만큼 먹는 게 좋겠소?"
의사가 대답했다.
"무게 백 디램의 음식을 드십시오."
왕이 다시 물었다.
"그만큼 먹으면 이 몸을 지탱할 수 있겠소?"
의사가 대답했다.
"그만큼 드시면 음식이 폐하를 지탱해드릴 것입니다. 그보다 더 드시면, 폐하가 그것을 지탱해주셔야 할 것입니다."

아브라함과 배화교도

먼 길에 지친 나그네들을 집으로 불러들여 먹이고 재워주는 것이 아브라함의 습관이었다. 함께 나눌 나그네가 없으면 밥을 먹지 않는 것이 보통이었다.

한번은, 한 주간이 지나도록 그가 사는 고장에 나그네가 나타나지를 않았다고 한다. 아브라함은 밖으로 나가서 길을 살펴보았다. 아무도 눈에 띄지 않았다. 그런데 저 멀리 계곡 건너편으로 사람 모습이 하나 나타났다.

아브라함이 다가가자 거기에는 등이 굽은 백발노인이 외로운 버드나무처럼 웅크리고 서 있었다. 인사를 나누고 나서 아브라함이 말했다.

"노인장, 우리 집에 가서 식사를 함께 해주신다면 그

런 기쁨이 없겠습니다."

"고맙소이다. 기꺼이 가지요."

노인이 아브라함의 너그러움에 감탄하여 따라나섰다.

아브라함의 시종들은 정성껏 손님을 모셨다. 모두 식탁에 앉자 음식이 나왔다.

음식을 먹기 전에 기도를 드리는데, 아브라함이 보니까 노인이 함께 기도를 드리지 않는 것이었다. 가만히 있을 일이 아니었다.

"노인처럼 살 만큼 사신 분이 속에 신앙을 간직하지 않으셨다니 놀라지 않을 수 없군요. 음식을 먹기 전에 음식 주신 분께 감사 기도를 드리는 것이 관습 아닌가요?"

노인이 대답했다.

"아니오. 나를 길러주신 사제들은 그렇게 가르치지 않으셨소. 나는 배화교도(拜火敎徒)올시다."

아브라함은 깜짝 놀랐다. 율법에 따르면, 비신자(非信者)와 식탁에 같이 앉음으로써 자기 자신을 불결하게 만든 것이다! 그는 시종을 시켜 문 있는 곳으로 노인을 안내하게 하였다.

바로 그 순간 하느님의 천사가 내려오더니 아브라함에

게 이런 말을 전했다고 한다.

"내 벗이여, 저 늙은이가 배화교 신자인 것은 사실이다. 그런데 어쩌자고 자네는 저 늙은이를 그냥 돌려보낸단 말인가? 나는 백 년 동안 그를 먹여 살렸다. 자네는 그를 한 끼도 먹이지 못하겠다는 건가?"

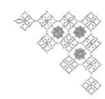

공작새

 공작은 아름다운 새다. 꼬리 깃을 활짝 펼치면 그 황홀한 색깔과 무늬에 놀라지 않는 사람이 없다. 모두가 감탄한다. 오직 하나, 심보가 잔뜩 뒤틀린 사람은 빼고.
 그는 이렇게 말한다.
 "저 못생긴 발가락들! 정말이지 못 봐주겠네."

겁에 질린 여우

여우 한 마리, 겁에 질려 비틀비틀 낑낑거리며 달려왔다.

사람들이 물었다.

"무슨 일이냐? 무슨 일로 그렇게 달아나는 거야?"

여우가 숨을 고르느라고 잠시 멈추었다.

"폭도들이 낙타를 못살게 굴고 있어요. 마구 잡아서 강제로 부린다구요."

사람들이 웃었다.

"멍청한 놈! 그런데 네가 왜 겁을 먹고 달아나느냐? 넌 낙타가 아니잖아? 낙타처럼 생기지도 않았고."

"쉿! 조용해요!"

여우가 말했다.

"내가 낙타가 아니라는 건 나도 알아요. 하지만, 내 뒤에 있는 폭도들은 그 따위 정밀한 차이점엔 관심도 없단 말입니다. 그들 중 하나가 짓궂은 심술을 부려, '저기 낙타가 또 한 마리 있다!' 하고 소리 지르면, 우- 우성치며 달려드는 함성에 묻혀 여우의 가냘픈 소리가 들리기나 하겠어요? 결국 내가 낙타가 아니라는 게 판명된다 해도 그때는 이미 늦었지요. 낙타 짐을 등에 지고 사막에서 숨겨 있을 테니까!"

의원과 농부

"오, 사아디! 어디 가는 길인가? 잠시 얘기 좀 나누게 걸음을 멈출 수 있겠나?"

나의 옛날 친구이자, 여러 전쟁에서 공을 많이 세운 전쟁 영웅이 문간에 앉아 있다가 나를 불러 세웠다.

"내 몸이 좋지 않네. 지금 의원을 찾아가는 길일세."

"의원이라? 찾아가 봤자 소용없는 작자들이지. 여기 내 곁에 앉아서 푹 쉬라구. 잠시 쉬면 괜찮아질 테니까."

"글쎄……."

"거기 앉게. 거기, 그늘에 앉아서 잠시 내 이야기를 들어보시게."

그가 이야기를 시작했다.

"한 농부가 있었는데 갑자기 몸이 아파서 한밤중에 일어났지. 사람들이 의원을 불렀네. 의원이 와서 고통으로 몸부림치는 농부를 보더니 고개를 저었어. 그리고 물었지.

'뭘 먹었소?'

농부가 겨우 대답했네.

'그냥…… 그냥 포도나무 잎을 조금 먹었소.'

'포도나무 잎이라! 당신은 이제 죽은 몸이오. 포도나무 잎에는 타타르족의 독화살보다 더 고약한 독이 있소. 오늘 밤을 넘기지 못할 것 같으니 준비하는 게 좋겠소.'"

여기까지 말하고는 옛 친구가 고개를 뒤로 젖히며 웃어댔다.

"그래서 어떻게 됐나?"

"그게…… 그게 우연히 그렇게 됐겠지만, 그날 밤 그 의원이 죽었다네."

"농부는? 농부는 어떻게 됐지?"

나의 옛 친구는 더 크게 웃어댔다.

"사아디, 자네가 보다시피, 나는 아직도 이렇게 살아있다네. 이 모두가 사십 년쯤 전에 있었던 일일세."

그의 눈에서 눈물이 흘러나와 늙은 뺨을 적시고 있었다.

독수리와 매

맑고 높은 하늘에 새 두 마리가 날고 있었다. 한 마리는 독수리였는데 검은 깃발처럼 날개를 펴고 한자리에 조용히 머물러 있었다.

다른 한 마리는 매였다. 매는 바람을 타고 높이 솟구쳤다가 곤두박질쳤다가 하면서 맴을 돌았다.

독수리가 매에게 말했다.

"가만히 좀 있게. 우리 같은 고등조류(高等鳥類)는 나방처럼 촐싹거리지 않고 공중 높은 곳에 떠 있는 걸 좋아하지. 그토록 쉴 새 없이 움직이면서 어떻게 땅 아래를 볼 수 있겠나?"

매가 대꾸했다.

"하지만 나는 아래에 무엇이 있는지 다 볼 수 있다네. 자네 눈만큼 내 눈도 밝거든."

독수리가 코웃음을 쳤다.

"말도 안 돼! 어디, 지금 뭐가 보이는지 말해보게나."

"저 아래 도시가 보이는군."

"그럴 줄 알았어. 하지만, 저 골목 끝자락 집 담장 그늘에 누워 있는 비쩍 마른 개도 보이는가?"

매가 개를 보려고 했지만 잘 보이지 않았다.

독수리가 말했다.

"아래로 내려가보자구."

둘은 아래로 내려갔다. 이윽고, 담장 그늘에 숨은 개가 모습을 드러냈다.

매가 말했다.

"자네 말이 맞구먼."

"물론이지!"

매가 다시 위로 날아올랐다. 독수리도 검은 날개를 펄럭이며 매의 뒤를 따랐다. 매가 째지는 소리로 말했다.

"하지만 나는 저 도시 너머로 멀리 펼쳐진 들판과 언덕과 개울과 바다처럼 출렁이는 초원도 볼 수 있네."

"그렇겠지. 그러나 내 밝은 눈을 따라오지는 못할 걸

세. 저기! 저 반들거리는 들쥐 눈알이 보이는가? 안 믿어진다고? 함께 내려가보세."

그래서 둘은 다시 아래로 내려갔다. 역시, 겁에 질린 들쥐가 보였다. 매가 말했다.

"보이는군."

"그럴 테지. 거의 녀석의 머리 위까지 내려왔으니까!"

둘은 다시 위로 날아올랐다. 매가 말했다.

"나는 들판 너머 농장을 볼 수 있네. 그리고 농장 가운데 작은 탁자도 보이는군. 자네 눈에도 보이나?"

독수리가 기가 막힌다는 듯이 웃었다.

"내 눈에는 탁자만 보이는 게 아니라 그 위에 놓여 있는 밀 이삭도 보인다네."

"정말인가?"

"가서 보자구."

그들은 농장으로 날아 내려가 탁자 위를 맴돌았다.

"내가 뭐랬어?"

"자네 말이 맞았네. 과연 탁자 위에 밀 이삭이 있구먼."

"이 세상에 나만큼 눈이 밝은 새는 없을 걸세. 그렇다고 언제나 높은 공중에 가만히 떠 있기만 하지는 않지.

때가 되면 자네처럼 민첩하게 아래로 내리꽂히며 먹이를 낚아챈다네. 내 지금 저 밀 이삭을 하나 물어 올 테니, 보겠나?"

매가 그러지 말라고 날카롭게 말렸지만 독수리는 벌써 아래로 내려가 테이블에 앉아서 밀 이삭을 하나 물었다. 그 순간, 철커덕! 소리와 함께 철삿줄이 튕겨 오르며 독수리 발을 낚아챘다. 독수리가 소리를 질러댔다.

"잡혔다! 잡혔어! 올가미였구나!"

독수리는 힘껏 날개를 퍼덕였지만 소용이 없었다. 농부가 웃으며 다가오더니 독수리를 새장에 가두었다.

매는 독수리가 사로잡히는 모양을 보면서도 어쩔 수 없이 하늘로 날아올랐다. 바람을 타고 자유롭게 날아가면서 매는 속으로 중얼거렸다.

'모든 새들 가운데 가장 밝은 눈을 가졌다지만 올가미를 보지 못한다면 그 눈이 무슨 소용'이란 말인가?'

목소리 값

"아이구, 저 목소리! 도저히 못 들어주겠네!"

신자르 사원(寺院)에서 교인들이 이구동성으로 불만을 터뜨렸다. 기도하러 오라고 부르는 남자의 삐걱거리는 목소리에 질렸던 것이다.

한 신자가 말했다.

"저 사람은 정규직 부름꾼(crier)이 아닙니다. 하지만 지금 무보수로 저러고 있어요. 이해해야지요."

"너그러우시네요."

다른 사람이 말했다.

"하지만 나로서는 도저히 더 들어줄 수가 없군요."

사원 주인이 이야기를 전해 들었다. 그는 친절하고 바

른 왕자였다. 그도 어떻게 해야 할는지 알고는 있었지만 부름꾼을 다치게 하고 싶지도 않았다. 그가 부름꾼을 불러서 말했다.

"벗이여, 그대가 지금 하고 있는 일에 대하여 고맙게 생각하네. 그렇지만, 그대도 알다시피, 우리 사원에는 기도 시간에 맞추어 사람들을 부르는 훌륭하고 존경받는 부름꾼들이 있다네. 모두들 아버지의 직업을 물려받은 정규직 부름꾼들이지. 게다가 나는 그들에게 다섯 디나씩을 수당으로 지급하고 있네. 자, 열 디나를 줄 테니 어디 다른 사원으로 가지 않겠나?"

부름꾼이 말했다.

"그러지요. 왕자님."

두 사람은 합의서에 서명을 했고, 그가 사원을 떠나자 모두들 안심했다.

그러나 얼마 지나지 않아서 그가 돌아왔다.

"왕자님께서는 저에게 부당한 일을 하셨습니다. 겨우 열 디나를 주시며 이곳을 떠나라고 하셨으니까요. 지금 제가 있는 사원에서는 스무 디나를 줄 테니 다른 데로 가라는 겁니다. 그래도 제안을 받아들이지 않았어요!"

왕자가 웃으며 말했다.

"아주 잘했네. 제안을 받아들이지 말게. 내 말을 믿으라구. 조금 있으면 그들이 오십 디나를 주겠다고 할 테니까!"

 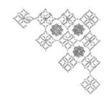

비밀

한번은 페르시아의 타샤크 왕이 비밀 하나를 시종들에게 말해주고 나서 이렇게 덧붙였다.

"아무에게도 말하지 말라."

한 해 동안 그들은 비밀을 잘 지켰다. 그런데 어느 날, 비밀이 새나갔다. 홍수처럼 그것은 왕국을 휩쓸었고 모르는 사람이 없게 되었다.

화가 머리끝까지 난 왕이 시종들을 잡아놓고 명을 내렸다.

"저놈들 목을 베어라!"

시종 하나가 울부짖었다.

"자비를 베푸소서! 폐하께서 저지르신 잘못으로 우리

를 벌하지 마십시오."

"뭐라? 어째서 내 잘못이냐?"

왕이 묻자 그가 대답했다.

"지금 폐하께서 막으려 하시는 이 급류가 본디 폐하 가슴에만 졸졸 흐르던 도랑물 아니었습니까?"

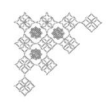 

설교자의 꿈

 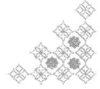

본인이 아름답고 유쾌한 목소리의 주인공이라고 스스로 생각하는 설교자가 있었다. 하지만 실제로 그의 목소리는 까마귀가 울부짖는 것처럼 들렸다. 그런데도 사람들은 그와 그의 지위를 존중하여 아무 내색도 하지 못하고, 그의 목쉰 고함 소리에 속으로만 끙끙 앓을 뿐이었다.

그러던 어느 날, 평소 그를 은근히 경멸하던 다른 설교자 하나가 찾아와서 말했다.

"당신에 관한 꿈을 꾸었습니다. 모든 일이 순조롭게 잘되었으면 합니다."

"저런! 그래 무슨 꿈이었나요?"

"놀라지 마십시오. 그냥, 당신 목소리가 갑자기 듣기 좋아져서 사람들이 편안하게 당신 설교를 듣는 그런 꿈이었어요."

설교자는 깜짝 놀랐다. 한동안 생각한 끝에 그가 말했다.

"참 복된 꿈이군요. 가까운 친구들이 내게 해주지 못한 일을 당신이 하셨습니다. 이제 나는 내 목소리가 듣기에 매우 거북해서 사람들이 힘들어한다는 걸 알게 되었어요. 고맙습니다. 앞으로는 좀 더 조용조용 말하도록 조심하겠습니다."

 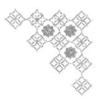

시인과 강도 두목

 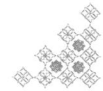

한 시인이 강도 두목을 찾아가서 그의 약탈 행위를 찬양하는 시를 읊었다. 한참 시를 읊고 있는데 화가 치밀어 오른 강도 두목이 소리 질렀다.

"형편없는 졸작이다! 저자를 벌거벗겨 내쫓아라. 그리고 개들을 풀어놓아라. 녀석들이 저자한테서 재미 좀 볼 수 있게."

시인은 추위에 벌거벗겨 쫓겨났고, 개들이 그를 뒤따르며 으르렁거렸다. 그는 돌을 던지면 개들이 겁을 먹고 달아나리라 생각했다. 그래서 돌을 집으려 했지만 모두 땅에 얼어붙어 꼼짝도 하지 않았다.

"설상가상이로구나. 개들은 풀려 있고 돌멩이는 묶여

있고……."

 창밖으로 내다보던 강도 두목이, 그 말을 듣고 웃으며 소리쳤다.

 "절창(絶唱)이로다! 내 방금 그 한 마디 경구(驚句)에 값을 치러야겠다. 무엇을 바라느냐?"

 시인이 이를 부딪치며 대답했다.

 "겉옷을 주십시오."

 강도 두목이 옷을 던져주며 말했다.

 "옛다. 이 털외투를 받아라. 외투에는 돈지갑도 들어 있다."

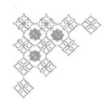 

마지막 교훈

"어이쿠!"

유명한 씨름 선생이 마룻바닥에 쿵— 하고 나가떨어지면서 자기도 모르게 비명을 질렀다. 그리고 방금 자기를 메다꽂은 제자를 올려다보았다.

"이제 더 이상 너에게 가르칠 것이 없구나. 오늘로 훈련 끝이다. 떠나거라."

젊은이가 웃으면서 떠났다.

'이제 다시 이곳을 찾을 일은 없겠지.'

사실 거기에는 그를 상대할 만한 씨름꾼이 없었다.

젊은이는 자신의 힘을 뽐내기 시작했다. 감히 아무도 그에게 도전하려 하지 않았고, 그래서 그는 더욱 으스댔다. 술탄이 그에 대한 소문을 듣고 사람을 보내어 데려오게 했다.

술탄이 물었다.

"자네 실력이 대단하다는 말을 들었네. 하지만, 자네가 자네 스승보다 낫다고 떠들어댄다던데 설마 사실이 아니겠지?"

젊은 씨름꾼이 대답했다.

"폐하, 왜 제가 그런 말을 하면 안 되는지 모르겠습니다. 그는 이미 늙었습니다. 물론 저에게 씨름 기술을 가르쳐준 것에 대하여는 감사합니다만, 이제 씨름 실력은 저를 당할 수 없을 겁니다."

술탄은 그가 건방지다고 생각했다.

"그렇다면 많은 사람들 앞에서 씨름판을 벌일 테니, 한번 자네 스승과 겨루어보겠는가?"

"그러지요."

곧 거대한 씨름판이 벌어진다는 소문에 많은 사람이 모여들었다. 정해진 날, 술탄과 대신들이 군중 속에 섞여 씨름을 구경하게 되었다.

씨름판 중앙에 스승이 서 있었다. 그러나 젊은 씨름꾼이 거창한 몸짓으로 성난 코끼리처럼 모습을 드러내자 사람들 눈길이 온통 그에게 쏠렸다. 위세가 마치 태산이라도 쓰러뜨릴 것 같았다.

그러나 스승은 고요히 서 있었다. 그러다가 순간 젊은이 옷깃을 잡는가 했는데 눈 깜빡할 사이에 놀라운 일이 벌어졌다. 어디를 어떻게 했는지, 젊은이의 큰 몸집이 팔랑개비처럼 허공을 한 바퀴 크게 돌더니 땅이 꺼질 듯한 소리와 함께 나둥그러졌던 것이다.

박수 소리와 고함 소리가 터져 나왔다. 술탄이 스승을 껴안아주고 나서 영예로운 옷을 입히고 많은 상을 내렸다. 그러고는 여태 신음하고 있는 젊은이에게 말했다.

"이것이 그토록 뽐내던 자네 솜씨였던가?"

젊은이가 항의했다.

"이건 속임수입니다. 스승이 이런 기술은 가르쳐주지 않았다구요! 실력으로 나를 이긴 게 아닙니다."

스승이 술탄에게 말했다.

"가장 가까운 친구가 하루아침에 적으로 바뀔 수 있다는 말씀을 보여드릴 수 있게 해주셔서 고맙습니다."

그런 다음, 제자였던 젊은이에게 말했다.

"나는 삼백예순 가지 씨름 기술을 알고 있네. 자네를 아끼는 마음으로 삼백쉰아홉 가지 기술을 가르쳐줬지.

다만 한 가지 기술만은, 이런 날이 올 줄 알고, 나를 위해서 남겨두었던 걸세."

 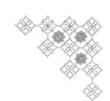

나귀 가르치기

"바보, 등신, 머저리!"

나귀 주인이 나귀를 발로 차며 소리 질렀다.

"너 같은 놈을 어디다 써먹는단 말이냐? 멍텅구리 같은 놈! 뭘 알아들어야 말이지."

그가 계속해서 욕을 하며 발길질을 해댔지만, 나귀는 아무 말 없이 최선을 다하여 제 길을 걸었다.

한 현자가 지나다가 나귀 주인에게 말했다.

"쓸데없는 데 힘을 낭비하는구려. 말도 못하는 짐승한테 뭘 가르치겠다는 거요? 시끄럽게 괜히 소리 지르지 말고, 반대로 짐승한테서 배우기나 하시오."

"이 물건한테서 배우라고요? 이 바보 멍청이가 내게

뭘 가르칠 수 있다는 겁니까?"
 "우선, 욕을 먹고 발길질을 당하면서도 말없이 참고 있는 것부터 배우시오."

 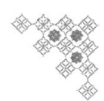

그게 무슨 상관?

"눈에 넣는 안약 있소?"
한 사람이 수의사를 찾아와 물었다.
"있소만, 나귀한테 쓸 거요, 말한테 쓸 거요?"
"아니, 내 눈에 넣을 거요."
"내가 수의사인 줄 모르셨소?"
수의사가 어처구니없다는 듯 다시 물었다.
"알지요. 하지만 그게 무슨 상관이오?"
"여기 쓰던 안약이 조금 있소. 이거라도 원한다면 드리리다. 어쨌든, 말한테는 잘 듣는 약이라오."
그가 안약을 얻어 눈에 넣었다. 그러고는 눈이 멀었다.
맹인이 수의사를 고발했다. 판사는 소송을 한마디로

기각했다.

"자네는 나귀가 틀림없네. 그러지 않고서야 수의사에게 갔을 리가 없지."

전갈

사람들이 전갈에게 물었다.
"왜 겨울에는 밖으로 나오지 않는 거냐?"
전갈이 대답했다.
"농담 그만 하시오. 여름 한 철 내내 당신들 꼬챙이와 올가미를 피하고 당신들 구둣발에 안 밟히고 심지어 닭들 눈에 띄지 않으려고 얼마나 고생했는데, 겨울에도 나와서 같은 짓을 되풀이하란 말이오?"

왕자 교육

왕이 왕국에서 최고로 알려진 가정교사를 불렀다.
"그대에게 왕자를 맡길 참이네."
가정교사가 절을 하며 말했다.
"영광입니다. 저에게도 같은 또래 자식들이 있습지요. 왕자님을 제 자식들과 함께, 제 자식처럼, 가르쳐도 되겠습니까?"
"그것 참 훌륭한 생각이군."
몇 년 뒤, 왕자가 궁으로 돌아왔다. 그런데 별로 달라진 게 없어 보였다. 반면에 가정교사의 아들들은 큰 학자가 되어 널리 명성을 떨쳤다.
왕이 화가 나서 가정교사에게 따졌다.

"이게 어찌 된 일인가? 그대는 약속대로 하지 않았구먼."

가정교사가 대답했다.

"폐하, 저는 학생들을 똑같이 가르쳤습니다. 다만 그들의 자질이 달랐을 뿐이지요."

 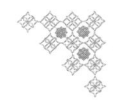

좋은 선생

아프리카에 갔을 때 나는 험상궂은 얼굴에 거친 목소리를 가진 교사를 만났다. 모두가 그를 불만스러워했다.

"성질이 고약하다고."

"노새처럼 고집불통이야."

"그렇게 욕심 사나운 인간은 처음 봤네."

"너무나도 옷차림이 엉망이야. 차마 눈 뜨고 볼 수가 없더군."

"밥맛 떨어지고 싶은 사람 있으면 가서 그가 코란 읽는 소리를 들어보라고 해."

이건 어른들의 경우였다! 아이들은 어땠는가?

그 괴물한테 어린 소년 소녀들이 날마다 시달리는 꼴

을 보는 것은 참으로 딱한 일이었다. 모든 웃음과 즐거움과 재잘거리는 소리가, 그의 모습이 나타나는 순간 사라졌다. 아이들 뺨을 때리는 건 보통이었고 사내아이들은 몽둥이로 맞기도 했다.

마침내 사람들은 더 이상 두고 볼 수 없다고 생각했다. 몇 가지 증거를 수집하여 선생을 법정에 고소했다. 그는 유죄 판결을 받고 매를 맞았다. 물론 직업도 잃었다.

"이젠 안심이야!"

모두들 한숨 돌렸다. 그리고 새 선생을 모셔왔다. 그는 어떤 교사였던가?

"신사구먼."

"선(善) 그 자체야."

"봤나? 필요 없는 말은 한 마디도 안 해."

"믿음도 좋은 사람이야……. 모든 것을 바꿔놓겠지."

아이들도 그를 좋아했다. 그는 결코 아이들을 엄하게 대하지 않았다. 언제나 누구에게나 친절했다. 새로 나타난 천사 앞에서 아이들은 옛날의 악마를 깨끗이 잊었다.

그런데, 이상한 일이 아이들한테서 일어나기 시작했다. 도무지 공부를 하려고 들지 않았던 것이다. 그런데도 선생은 문제 삼지 않고 여전히 친절하고 부드럽게 대하였다. 아이들이 수업 시간에 마구 장난질을 해도 마냥 친절하게 웃으며 넘어갔다.

일은 갈수록 더욱 고약해졌다. 마침내, 교실은 난장판이 되었고 아이들은 악마를 닮아갔다.

그런 상태를 계속 유지할 수는 없는 일이었다. 보름 만에, 교실은 다시 조용해졌고 평화가 회복되었다.

어떻게 그런 일이 일어났던가? 옛날 선생을 모셔왔던 것이다. 그들은 (내 생각에, 꽤 많은 보수를 더 주기로 약속하고) 어렵게 애원하여 그를 다시 불러왔다.

나는 교실이 차분하게 정돈되어 있는 것을 지나다가 보았다.

"천사가 있던 자리에 악마가 돌아왔군."

내가 이렇게 말하자, 문간에 앉아 있던 경험 많은 늙은이가 웃으면서 말했다.

"아들을 학교에 보내는 첫날, 은메달을 목에 걸어줬다는 임금 얘기 들어보았소? 그 메달에는 금 글씨로 이렇게 적혀 있었다오. ─ 물렁한 아비는 딱딱한 선생보다 해롭다."

하느님을 위해서

 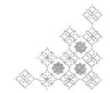

한 사람이 듣기 거북한 목소리로 코란을 크게 암송하고 있는데, 마침 현자가 지나가다가 발을 멈추고 그에게 물었다.

"당신 얼마 받고 이 일을 하는 거요?"

"한 푼도 안 받습니다!"

"그럼 왜 이러고 있소?"

"하느님을 위해서요."

"그럼 나도, 하느님을 위해서, 부탁 하나 합시다. 제발 그만 하시오."

병든 아들을 위하여

병들어 앓고 있는 아들 침상에서 절망에 빠진 한 부자가 중얼거렸다.

"이제 더 무엇을 할 수 있단 말인가?"

그의 친구들이 슬픈 얼굴로 고개를 저었다.

"이제 남은 일은 코란을 처음부터 끝까지 음송하든가 아니면 희생 제사를 드리는 것뿐이네. 그러면 하느님께서 자비를 베푸실 것일세."

부자가 중얼거렸다.

"그렇다면 코란을 택해야겠네. 코란은 가까이 손닿는 데 있으니까. 내 재산인 양떼는 멀리 있어서 그것을 잡아 희생 제사를 드리다 보면 너무 늦을 거야."

지나가던 현자가 한마디 했다.

"확실히, 코란은 그의 곁에 가까이 있다, 바토 혀끝에 있으니까. 그러나 황금은 그보다 더 가까이 있다, 그의 가슴 속에 있으니까."

신성한 나무

한번은 잘생긴 아들을 둔 부자 노인 집에 식객으로 머문 적이 있었다. 부자 노인이 내게 말했다.

"저 아이는 내 외아들이랍니다."

그는 순례자들이 소원을 빈다는 어느 깊은 산골짜기 신성한 나무를 찾아갔다고 했다.

"그 나무 아래에서 며칠 동안 밤을 새우며 아들 하나 점지해달라고 전능하신 하느님께 빌고 또 빌었지요. 보십시오. 하느님께서 내 기도를 들어주시어 저 아들을 얻었답니다."

우연한 기회에 나는 그 아이가 제 친구한테 속삭이는 소리를 들었다.

"그 나무가 어디 있는 줄 알면, 저 늙은 바보를 빨리 데려가달라고 기도할 텐데."

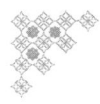 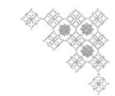

차라리 잠을 자는 게……

 어린 시절, 거룩한 절기를 지키던 일을 기억한다. 그때 나는 금식도 하고 밤중에 일어나 기도를 바치기도 했다. 한번은 아버지와 함께 밤을 꼬박 새웠다. 거룩한 코란을 무릎 위에 놓고 나는 한 번도 눈을 감지 않았다.

 방 안에 있던 사람들 모두가, 우리 부자만 빼고는, 잠에 곯아떨어졌다.

 내가 아버지에게 말했다.

 "저 소리 좀 들어보세요. 아무도 기도할 생각조차 없군요. 마치 시체처럼 잠을 자고 있어요."

 아버지가 내게 대꾸하셨다.

 "사랑하는 아들아, 그렇게 깨어 있어서 한다는 짓이

남을 흉보는 게 전부라면 차라리 잠을 자는 게 훨씬 낫겠구나."

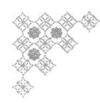 

배가 무서운 노예

왕이 말했다.

"항해하기에 더없이 좋은 날씨로군!"

태양은 파도 위에서 춤을 추었고, 배는 순풍에 미끄러지듯이 달렸다.

갑자기 왕이 눈살을 찌푸렸다.

"그런데, 저게 무슨 기분 나쁜 소린가? 누가 울고 있는 것 같은데?"

선원들이 급하게 배 안을 수색하여 배 밑창 짐칸에서 두려움에 떨며 신음하고 있는 페르시아인 노예 하나를 발견했다. 선원들이 그를 갑판 위로 끌어다가 왕 앞에 무릎 꿇렸다.

왕이 웃으며 말했다.

"흠! 뱃멀미를 하는구나. 기운 차려라, 금방 나아질 테니. 전에 배를 타본 적이 있느냐?"

노예가 울부짖듯이 대답했다.

"없습니다. 저는 배가 무섭습니다. 파도 칠 때마다 출렁거리고 삐걱거리는 데다가 너무 낡았어요. 금방이라도 부서질 것 같아서 도저히 마음을 놓을 수가 없습니다."

왕이 더 크게 웃었다.

"무슨 소리냐? 이건 새로 만든 배다. 걱정 마라. 곧 회복되어 나처럼 항해를 즐길 수 있을 게다."

그래도 노예는 계속해서 징징거렸다. 왕이 말했다.

"이자를 다시 배 밑창으로 데려가거라. 그리고 즐거운 항해를 방해하지 못하도록, 어떻게 해서든지 이자의 우는 소리가 들리지 않게 하여라."

하지만 밤새도록 그의 신음 소리는 계속되었다. 다음 날 아침에도 징징거리는 소리가 들려왔다.

밤잠을 설친 왕은 더 이상 참을 수 없게 되었다.

"내 저놈을 매질해야겠다!"

그러자 울음소리가 더 커졌다.

"달군 쇠젓가락으로 지져야겠다!"

그래도 소용없었다. 이윽고 왕은 화가 머리꼭지까지 올랐다. 바로 그때 철학자인 승객 하나가 왕에게 절을 하고 말했다.

"폐하, 허락하신다면 제가 저 친구를 조용하게 만들어 보겠습니다."

"반가운 말이오. 제발 나를 위해서 어떻게 좀 해보시오."

철학자가 선원들에게 노예를 갑판 위로 데려오라고 했다. 노예는 아예 목을 놓아 울어댔고, 왕은 그 소리를 듣지 않으려고 두 손으로 귀를 틀어막아야 했다.

철학자가 명을 내렸다.

"이자를 배 밖으로 던져버려라!"

선원들이 바다에 던져버리자 노예는 허우적거리며 파도 아래로 가라앉았다가 떠올랐다가 다시 가라앉기를 서너 차례 반복했고, 그 사이에 기진맥진해졌다. 마지막 순간 철학자가 몸을 기울여 그의 머리털을 움켜잡고는 잠시 그대로 있다가 뱃전으로 끌어올렸다.

노예는 허둥지둥 구석으로 가서 처박히더니 두 번 다시 우는 소리를 내지 않았다. 왕이 반색하며 물었다.

"놀라운 일이군! 도대체 저 녀석을 어떻게 한 것이오?"

"사람이란, 어려운 일을 당해봐야 제정신을 차리는 법이지요. 저 친구는 물에 빠지는 게 어떤 건지 맛을 보았기에, 배가 얼마나 고마운지 비로소 알게 된 것입니다. 그뿐입니다."

 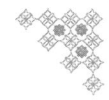

더러운 입

 젊었을 때 한번은 종교적 신념을 위해서 금식을 하려고 했다. 금식에 들어가기 전 몸을 깨끗하게 하는 의식(儀式)을 치러야 한다는 건 알았는데 무엇을 어떻게 해야 하는지 모르겠어서, 마을에 살고 있는 성자를 찾아갔다.
 그가 내게 말했다.
 "아이야, 이리로 오길 참 잘했다. 그런 일이라면 내가 모르는 게 없으니까. 앉아라. 내가 곧 너에게 방법을 일러주마."
 그런 다음, 말을 이어나갔다.
 "우선, 맨 먼저 '하느님의 이름으로' 라는 말로 시작해야 한다. 이 모든 것이 예언자 무함마드의 법에 따라서 하는 건데, '하느님의 이름으로'라고 말했으면 그다음엔 입과 코를 깨끗하게 해야 한다. 이렇게 새끼손가락으로 콧구멍을 후벼 깨끗하게 하는 거야.

그런 다음, 집게손가락으로 앞니를 문질러라. 해가 진 뒤에는 칫솔을 잡는 것이 금지되어 있으니까.

다음에는, 물을 한 줌 떠서 얼굴을 닦는데 여기 머리카락이 나기 시작한 앞이마에서 턱까지 빈틈없이 물로 닦아야 해.

이제 다시 손과 팔뚝을 닦아라. 그러면서, 하느님의 이름을 찬양하는 노래를 네가 아는 대로 부르는 거야.

그런 다음 다시 한 번 얼굴을 닦고 끝으로 발을 닦고 나서, '하느님의 이름으로'라고 말하면 돼.

이게 전부야. 내가 방금 가르쳐준 대로 하렴. 하다가 모르겠는 게 있거든 언제든지 와서 물어라. 내가 이 방면엔 전문가니까."

바로 그때, 내 기억에, 그 마을 촌장 얼굴이 슬그머니 나타났다. 성자가 입속으로 중얼거렸다.

"늙어빠진 바보가 웬일이지?"

촌장이 걸음을 멈추더니 발길을 돌리며 말했다. 지금까지 성자가 내게 한 말을 모두 들은 게 분명했다.

"자네, 어린아이에게 정결 의식을 제법 가르치는군. 해가 지면 칫솔질하는 것이 법으로 금지되어 있다고? 그래, 그래서 자네는 해만 지면 아무것도 먹지를 않지. 하지만 자네를 최고라고 우러르며 떠받드는 사람들의 칭송은 홀짝거리며 빨아먹고 있지 않는가? 그렇게 잘 닦아냈는데도 어째서 자네 입술에는 '내가 최고'라는 오물이 계속 묻어 있는 거지?"

간섭

한 늙은 현자에게 들은 이야기.

인도에 있을 때였소. 어느 날, 구석진 곳에서 흑인 하나가 백인 여자를 껴안고 있는 것을 보게 되었소. 흑인이 백인 여자의 머리를 어찌나 힘껏 부둥켜안고 있던지, 아무래도 여인이 질식해서 죽을 것만 같았지요. 날이 저물어 땅거미가 질 무렵이었소.

나는 백인 여자를 돕기 위해서 뭔가 해야겠다고 생각했소. 그래서 지팡이로 흑인을 갈겨대며 큰 소리로 외쳐댔지요.

"이 나쁜 놈! 하느님을 모르는 놈! 부끄러운 줄도 모르는 놈!"

그렇게 소리 지르며 계속 지팡이를 휘두르자 마침내 흑인은 여자를 내버려두고 달아났소. 여인은, 날아간 까마귀 둥지에 남은 알처럼, 거기 그렇게 서 있었지요.

이제, 내게 뭐라고 고마움을 표시하겠지— 생각하면서 기다리고 있는데, 웬걸? 여인이 달려들어 내 옷깃을 움켜잡더니 울음을 터뜨리는 것이었소.

"위선자! 당신이 방금 내게 무슨 짓을 했는지 알아요? 나는 오랫동안 그를 찾아 헤맸어요. 이제 겨우 만나서 그 품에 안겨 달콤한 맛에 취해 있는데 당신이 뛰어들어 내게서 그를 빼앗아버렸다고요!"

여인이 사방에 대고 소리를 질러댔지요.

"누가 날 좀 도와줘요. 이 늙은 위선자한테서 나를 구해줄 젊은이들 없나요?"

나는 어떻게 해야 할는지 알 수 없었소. 부끄러워서 옷자락으로 얼굴을 가렸지. 사람들이 모여들기 시작했고, 여자가 옷을 움켜잡고 있었기에, 결국 옷을 벗어놓고 벌거숭이로 도망칠 수밖에 없었소.

얼마 뒤에, 문을 열고 나가다가 그 여인이 거기에 서 있는 것을 보았소. 내가 깜짝 놀라자 그녀가 물읍디다.

"날 알아요?"

내가 급히 말했소.

"당신이 내게 큰 교훈을 주었소. 그 뒤로 난 다른 사람이 되었다오. 정말이오. 다시는 남의 일에 간섭하지 않을 겁니다!"

새장 속의 꾀꼬리

아즈둣 왕의 아들이 병들었다. 왕은 걱정이 태산 같았다. 누군가 왕에게 권했다.

"새장에 갇혀 있는 새들을 모두 풀어주십시오. 왕자님께 도움이 될 것입니다."

왕이 정원으로 나가 모든 새장의 문을 열어놓았다. 새들이 창공으로 날아갔다. 왕은 새장 하나만 그대로 두었다. 여름 별장 입구에 걸어둔 황금 새장이었다. 그 안에는 기막힌 노래 솜씨로 왕을 기쁘게 해주는 꾀꼬리가 있었다.

이튿날 자리에서 일어난 왕자가 정원으로 나가 새들이 모두 날아가고 없는 것을 보았다. 그러나 아직 황금 새장에 갇혀 있는 꾀꼬리를 보자 슬프게 웃으며 중얼거렸다.
 "그토록 아름다운 목소리만 아니었더라면, 너도 지금쯤 자유로운 몸일 텐데……."

무거운 무덤

한번은, 호사스럽게 장식한 아버지 무덤에 앉아 있는 부자 젊은이를 보았는데 마침 탁발승의 아들인 다른 젊은이와 말을 나누고 있었다.

"우리 아버지 무덤을 보게. 대리석으로 바닥을 깔고 터키석으로 위를 덮었지. 안에는 우아한 무늬로 장식한 석관에 아버지를 모셨네. 이에 견주어, 달랑 벽돌 두 장이 먼지에 덮여 있을 뿐인 자네 아버지 무덤이야말로 얼마나 초라한가?"

부자 젊은이의 말을 귀담아듣던 탁발승 아들이 이렇게 대꾸했다.

"자네 아버지가 이 무거운 무덤 뚜껑을 열고 가까스로

나오실 수 있을 때쯤, 우리 아버지는 벌써 한참 전에 낙원에 들어가 즐기고 계실 걸세."

아들 무덤에서

나는 시나에서 어린 아들을 잃었다.

그 슬픔을 어떻게 말로 표현할 수 있겠는가? 아들은 어린 삼나무 같았건만 죽음의 바람이 그 뿌리를 뽑아버렸다. 내가 속으로 할 수 있는 말은 이 한마디가 전부였다.

'아들은 하느님께 순결한 몸으로 돌아갔는데 나는 여태 때 묻은 늙은이로 남아 있구나.'

하루는 미칠 것만 같아서 아들 무덤으로 달려갔다. 돌뚜껑을 벗기자 좁고 어두운 무덤 안이 보였다. 나는 겁도 나고, 무엇을 어찌해야 좋을지 몰라서 그 자리에 쪼그려 앉았다.

바로 그 슬픔과 비통 속에서 사랑하는 아들의 음성이

들리는 것 같았다.

"아버지, 어두운 무덤 속이 무섭나요? 그렇거든 손에 등불을 밝혀 들고 오세요. 무덤 속처럼 어두운 세상이 대낮처럼 환해지기를 바라시나요? 그러면, 망설이지 말고 선행(善行)의 등불을 밝히세요."

유식해진 비결

저술가이자 영적 안내자로 널리 알려진 이맘 무르쉿 무함메드 가잘리가 한번은, 어떻게 그리 유식한 사람이 될 수 있었느냐는 질문을 받았다.

그의 대답은 이랬다.

"모르는 게 있을 때마다 사람들에게 묻기를 부끄러워하지 않았소."

사아디의 생애와 작품

위대한 페르시아 시인이자 이야기꾼인 사아디Moshref Al-Sa'di Al-Shirazi는 1213년 쉬라즈에서 태어나 1291년 거기서 죽은 것으로 되어 있다. 말년에는 사드 아 파바크 왕실 계관시인으로 추대되었다.

하지만 초년에 고아가 되어 몽골의 침략으로 조국을 떠나 유럽, 아비시니아, 이집트, 시리아, 파키스탄, 아르메니아, 소아시아, 아라비아, 페르시아, 아프가니스탄, 인도, 이탈리아 등지를 떠돌며 삼십 년 세월을 방랑자로 살아야 했다. 한때 노예로 팔려 트리폴리에서 강제 노역을 하기도 했다.

그는 수피(sufi)들의 옷차림인 거친 모직 외투를 입었다. 아랍어 '수프(suf)'에는 양털이라는 뜻도 있지만 삶의 본질, 사물의 실재를 추구한다는 의미도 들어 있다. 페르시아의 수피들은 무함마드의 가르침을 따르는 이슬람 교인이면서 하느님의 실재를 추구하여 그분과 하나 되고자 끊임없이 노력하였다.

사아디는 두 번 결혼하였는데, 아들 하나는 어린 나이에 죽었고 딸 하나는 당시 저명한 시인이었던 하피즈의 아내가 되었다. 말년에 은퇴하여 고향 쉬라즈로 돌아온 그를 왕실에서 계관시인으로 추대하였고, 왕성한 집필로 스물세 권의 책을 냈다. 그 가운데 특히 『굴리스탄』(장미정원)과 『부스탄』(과수원)이 널리 읽혔다.

사아디 Moshref Al-Sa'di Al-Shirazi(1213~1291)

위대한 페르시아 시인이자 이야기꾼이다. 쉬라즈에서 태어나 거기서 죽은 것으로 되어 있다. 말년에는 사드 아 파바크 왕실 계관시인으로 추대되었다. 하지만 초년에 고아가 되어 몽골의 침략으로 삼십 년 세월을 유럽과 중앙아시아, 북아프리카, 인도 등지를 떠돌며 방랑자로 살아야 했다. 한때는 노예로 팔려 트리폴리에서 강제 노역을 하기도 했다.
말년에 은퇴하여 고향 쉬라즈로 돌아온 그를 왕실에서 계관시인으로 추대하였고, 왕성한 집필로 스물세 권의 책을 냈다. 그 가운데 특히 『굴리스탄』(장미정원)과 『부스탄』(과수원)이 널리 읽혔다.

이현주

1944년 충주에서 태어났다. 감리교신학대학교를 졸업하고, 1964년 「조선일보」 신춘문예에 '밤비'로 등단했다. 목사이자 동화 작가, 번역 문학가로서 동서양을 아우르는 글들을 집필하는 한편, 대학과 교회 등에서 강의도 하고 있다.
동화집 『알 게 뭐야』『살구꽃 이야기』『날개 달린 아저씨』 등과 『예수를 만난 사람들』『이아무개의 장자 산책』『길에서 주운 생각들』『보는 것마다 당신』『이현주 목사의 꿈 일기』 등을 썼으며, 『예언자들』『숨겨진 보물을 찾아서』『비움의 도』『바가바드기타』 등을 우리말로 옮겼다.
태어날 때 이미 모든 것을 받았으니 이제 우리가 할 일은 도로 내어드리는 것밖에 없다는 '드림정신'을 제안하고, 주식회사(主式會社) '드림'을 설립해 인터넷 카페와 건물 없는 교회인 '드림실험교회'를 통해 여러 사람들과 드림정신을 실천하고 있다.

위대한 페르시아 수피
사아디의 우화 정원

첫판 1쇄 펴낸날 | 2008년 6월 10일

지은이 | 사아디
엮은이 | 아서 숄리
옮긴이 | 이현주
펴낸이 | 박성규

펴낸곳 | 도서출판 아침이슬
등록 | 1999년 1월 9일(제10-1699호)
주소 | 서울시 마포구 합정동 411-2(121-886)
전화 | 02)332-6106
팩스 | 02)322-1740

ISBN | 978-89-88996-91-1 (03890)

• 책값은 뒤표지에 있습니다.